本书是北京联合大学“高水平应用型大学建设”教改专项“基于产出导向的大学英语教学效果提升综合改革”（项目号 JJ2022Z35）的阶段性成果。

高等特殊教育英语课程资源建设研究

孙绍燕 著

中国商业出版社

图书在版编目（CIP）数据

高等特殊教育英语课程资源建设研究 / 孙绍燕著. 北京 : 中国商业出版社, 2024. 7. -- ISBN 978-7-5208-3041-6

Ⅰ. H319.3; G769.2

中国国家版本馆CIP数据核字第2024VP7994号

责任编辑：王　静

中国商业出版社出版发行

（www.zgsycb.com 100053　北京广安门内报国寺 1 号）

总编室：010-63180647　编辑室：010-83114579

发行部：010-83120835/8286

新华书店经销

北京虎彩文化传播有限公司印刷

*

710 毫米 × 1000 毫米　16 开　11 印张　150 千字

2024 年 7 月第 1 版　2024 年 7 月第 1 次印刷

定价：56.00 元

* * * * *

（如有印装质量问题可更换）

教育是社会进步和发展的基石，教育不仅对社会和经济发展至关重要，对个人发展也十分有益。特殊教育是教育事业的重要组成部分，是建设高质量教育体系的重要内容，是衡量社会文明进步的重要标志。对残疾人而言，接受教育是其实现“平等、参与、共享”的先决条件，是教育公平的重要内涵。随着高等教育的普及化，残疾人接受高等教育的人数不断增加，且已经形成了一定的规模。促进和发展残疾人高等教育事业不但意义重大，而且十分迫切。

本书主要研究高等特殊教育英语课程资源建设，包含教材建设、慕课建设等方面的内容。笔者是北京联合大学外语部教师，从事特殊教育英语教育教学工作 14 年，具有丰富的特教一线英语教学经验。本书源自笔者在大学英语教学及教学研究领域的长期积累和实践，希望能够对同行教师的课程资源建设思路有所启发，同时可以为特殊教育其他学科提供经验借鉴，为未来相关部门制定有关特殊教育的政策提供参考，为推动高等特殊教育教学的创新与发展贡献一分力量。

感谢北京联合大学外语部的领导、同事和研究团队及相关兄弟院校同人的帮助、支持与合作。特别致谢杨军辉教授，她的智慧和远见为笔者的研究指引了方向，并提供了许多宝贵的建议。

最后，要衷心感谢每一位我教过的聋生和盲生，是我们之间的师生缘分，成就了这本书。他们在学习过程中展现的坚韧、智慧和勇气，不仅激励了我，也为这本书注入了灵魂。他们对这本书的贡献是无可替代的，希望通过这本书，能让更多人看到他们的闪光点。

孙绍燕

2024 年 4 月

目 录

Contents

第一章 绪 论

第一节　问题的提出

一、特殊教育的重要性

国际上在评估一个国家的教育发达程度时，特殊教育水平是一个重要的衡量标准，如特殊教育是否已经形成体系、多数残疾人是否接受教育等。这是因为特殊教育反映了一个国家教育系统的包容性、公平性和对多样性需求的关注。作为高等特殊教育工作者，应深刻认识到高等特殊教育在整个教育体系中的重要性。高等特殊教育不仅为有特殊需求的学生提供了继续教育的机会，还对个人、家庭、社会以及国家的发展具有深远的影响。

（一）特殊教育对个体发展的重要性

1. 促进教育公平

特殊教育给受教育者提供了公平的教育机会，保障所有学生，无论其身心状况如何，都能享有平等的受教育权利。普通教育体系往往无法充分满足特殊学生的特殊需求，使这些学生在学业和生活上面临诸多挑战。特殊教育通过制订个性化的教育计划（Individualized Education Program，IEP）、提供专业的教师和资源，确保每一位有特殊需求的学生都能获得适当的教育支持。

党和国家始终高度重视残疾人教育事业，强化特殊教育普惠发展。自2015年教育部、中国残疾人联合会联合印发《残疾人参加普通高等学校招生全国统一考试管理规定（暂行）》以来，参加高考的残疾人数量逐年增加。中国残疾人联合会的数据显示，2023 年高校残疾人毕业生达到 31843 人，比 2022 年增加 2294 人，创历史新高，越来越多的残障学生实现了上大学的梦想。

2. 促进全面发展

自 2014 年国家实施《特殊教育提升行动计划（2014—2016 年）》以来，特殊教育上了一个新台阶。2021 年 12 月，《“十四五”特殊教育发展提升行动计划》强调，要“大力发展非义务教育阶段特殊教育”“稳步发展高等特殊教育，加强高校特殊教育学院建设，增设适合残障学生就读的相关专业，完善残障学生就读普通高校措施。支持普通高校、开放大学、成人高校等面向残障人开展继续教育，畅通和完善残疾人终身学习通道”。

特殊教育不仅关注学生的学业成就，还重视他们在情感、社交、职业等方面的全面发展。通过提供个性化的教育计划和多样化的教学方法，高等特殊教育帮助学生在各个方面取得进步，全面提升综合素质。

在教育教学活动中，教师会结合特教学生的特点，设计丰富多样的教学活动，帮助他们提高沟通能力、培养团队合作精神。同时，注重培养学生的独立思考和解决问题的能力，为他们未来的发展打下坚实的基础。

3. 提高就业竞争力

高等特殊教育为有特殊需求的学生提供了专业知识和技能培训，增强了他们的就业竞争力。通过职业教育和实习机会，学生可以获得更多的工作实践经验和职业技能，提高就业机会和职业发展的可能性。

例如，听障生通过学习计算机技术、平面设计等专业，不仅掌握了专业技能，还通过实习和项目实践，积累了宝贵的工作经验。许多视障生在音乐领域表现出色，可以培养成为音乐家、作曲家或音乐教师。这些都为他们在职场中获得更好的就业机会和职业发展提供了有力支持，对他们未来能够独立生活至关重要。

（二）特殊教育对家庭的影响

1. 减轻家庭负担

根据第二次全国残疾人抽样调查主要数据公报（第二号调查公报），截至 2006 年 4 月 1 日，全国有残疾人的家庭户共 7050 万户，占全国家庭户总户数的 17.80%。该公报认为，残疾人家庭收入低，贫困问题仍然比较突出。调查数据显示，残疾人受教育水平和文化程度比 1987 年有较大幅度提高。该公报显示，我国残疾人、残疾家庭户在全国人口的占比和全国家庭户的占比都比较高。因此，要减轻家庭和社会的负担，高质量发展经济就必须重视和发展特殊教育。

有特殊需求的学生在家庭中通常需要更多的关注和照顾，这对家庭来说是一项巨大的挑战。特殊教育能够为这些学生提供系统的教育和专业的支持，减轻家庭在教育和照顾方面的负担。

2. 提供希望和发展机会

对于有特殊需求的学生的家庭来说，高等特殊教育为他们的孩子提供了继续发展的机会和希望。通过接受高等教育，学生可以实现个人理想和职业目标，家庭也能看到孩子的进步和成就，增强对未来的信心和期待。

（三）特殊教育对社会的贡献

1. 促进社会公平与包容

特殊教育体现了社会对弱势群体的关怀和支持，是实现社会公平的重要手段之一。通过提供公平的教育机会，特殊教育帮助有特殊需要的学生融入社会，减少社会隔离和歧视，促进社会的多样性和包容性。

2. 提高公民整体素质

高等特殊教育不仅对有特殊需求的学生及其家庭有直接的积极影响，还对公民整体素质的提升具有重要促进作用。通过培养高素质的有特殊需求的人才，高等特殊教育为社会提供了更多的创新和发展的动力，推动社会的进步和发展。

（四）特殊教育对国家发展的重要性

1. 提升国家教育水平

特殊教育的发展是国家教育水平提升的重要标志。一个国家特殊教育的普及率和质量，反映了其教育体系的完善程度和社会文明的进步程度。通过不断改进和完善特殊教育，国家能够提升整体教育水平，增强国际竞争力。

国家通过立法和政策实施，保障有特殊需要学生的教育权利，提高特殊教育的普及率和质量，不仅能提高国家的整体教育水平，也能提升国际形象和竞争力，促进国家之间的合作与交流，为全球教育事业的发展作出贡献。

2. 促进经济发展

特殊教育通过提高有特殊需求个体的教育和就业水平，能够显著促进国家的经济发展。受过良好教育的个体能够更好地参与经济活动，创造经济价值，减少对社会福利的依赖，从而推动经济的高质量发展。

特殊教育培养的人才，不仅在国内市场上有竞争力，还可以参与国际市场的竞争。例如，接受过职业培训的残障毕业生，他们的工作不仅能为家庭带来经济收入，也能为国家创造税收和财富。

3. 增强社会稳定

特殊教育能够增强社会的和谐与稳定。通过提供公平的教育机会和社会支持，减少了社会不公和矛盾，促进了社会的和谐发展。

残障学生在学校中学会了如何与人相处，如何解决冲突，这些技能帮助他们在社会中更好地适应和生存，减少了犯罪和冲突的发生。社会的和谐稳定，为国家的发展提供了坚实的基础，增强了国家的凝聚力和向心力。

（五）全球特殊教育的未来趋势

随着科技的进步和社会的发展，全球特殊教育呈现出新的发展趋势。例如，信息技术在特殊教育中的应用越来越广泛，数字化学习资源和辅助技术的发展为有特殊需求的学生提供了更多的学习机会和支持。此外，融合教育的理念和实践也在不断深化，越来越多的国家和地区开始探索将有特殊需求的学生融入主流教育体系的新途径。

通过使用平板电脑、智能手机等数字设备，学生可以访问丰富的学习资源，进行个性化学习。虚拟现实（VR）和增强现实（AR）技术的应用，可以为学生提供沉浸式的学习体验，增强学习效果。在融合教育的实践中，通过在普通学校中设置特殊教育班级或课程，促进有特殊需求的学生与普通学生的互动，增强他们的社会适应能力。例如，未来的智能眼镜和触觉手套，可以为视障生提供即时的环境信息和反馈，提升他们的独立性和安全性。

总之，特殊教育不仅对有特殊需求的个体有深远的影响，还对家庭、社会和国家的发展具有重要意义。通过不断改进和完善特殊教育，我们能够实现教育公平，促进社会和谐与进步，提高整体社会福利和国家竞争力。在这一过程中，借鉴国际经验，结合我国实际，不断探索和创新，将是我们未来发展的重要方向。

二、特殊教育的特殊性

（一）教育对象的特殊性

特殊教育的学生群体包括听障生、视障生、学习障碍生等。他们在生理、心理和认知等方面表现出不同的需求和特征。例如，听障生由于听觉系统的缺陷，他们无法通过声音获取信息，需要依赖手语、读唇等视觉途径及其他感官进行学习；视障生则只能通过声觉和触觉进行知识和技能的获取，这使他们在语言学习和交流方面面临巨大的挑战。

（二）教育内容的特殊性

教育对象的特殊性决定了教育内容的特殊性。特殊教育的内容不仅要涵盖普通教育中的基础知识，还要根据教育对象的特点采取大量的视觉、听觉、触觉辅助。在特殊教育中，针对听障生和视障生的教学内容有其特殊性。例如，对于视障生，盲文科学课提供盲文版的科学教材，并使用触觉图表帮助他们理解实验步骤。这些方法和工具的运用，确保了特殊需求学生在教育过程中能够获得充分的支持和有效的学习体验。在教育教学过程中，教师需要根据学生的特殊需求，增加专门的教育内容，如生活技能、社交技能、职业技能等。

（三）教育方法的特殊性

特殊教育需要针对不同类型的特殊需求，采取灵活多样的教学方法和策略，以满足学生的个性化需求。例如，制订个性化的教育计划（IEP），使用多感官教学法，通过视觉、听觉、触觉等多种感官途径帮助学生理解和掌握知识。例如，对于听障生，可以通过手语、图片、视频等视觉手段进行教学；对于视障生，可以通过触觉教具和语音讲解进行教学。这些方法不仅能够增强学生的学习兴趣，还能提高他们的理解能力和记忆能力。

（四）教育环境的特殊性

特殊教育的环境设置需要考虑到学生的安全、舒适和学习效果，特殊教育学校和教室需要提供无障碍环境，以确保所有学生都能自由、安全地活动。例如，为肢体残疾的学生提供轮椅坡道、无障碍厕所等；为视障生提供盲文标识和导盲通道等。这些设施的设置，不仅保障了学生的安全，也增强了他们的独立性和自尊心。

除此之外，特殊教育需要使用适应性教学设备，如放大镜、助听器、手语翻译设备、语音合成软件等。这些设备能够帮助学生更好地参与学习活动，提高学习效果。

（五）教育评估的特殊性

特殊教育评估不仅要关注学生的学业效果，还要全面评估他们在社交技能、生活能力、情感发展等方面的进步。

特殊教育中的评估方式应多元化，包括形成性评估和总结性评估。形成性评估在教学过程中进行，及时反馈学生的学习进展，例如，通过课堂观察、学生作品、行为记录等多种方式，全面了解学生的学习情况；总结性评估在学期末或学年末进行，全面评估学生的学习成果。

由于特殊教育学生的个体差异较大，评估标准需要根据学生的个性化的教育计划（IEP）进行调整。例如，对于听障生，可以评估他们在手语交流、书面表达等方面的进步，而不是单纯依赖标准化测试。这样，评估结果才能真正反映出学生的实际能力和进步情况。

特殊教育的特殊性体现在教育对象、教育内容、教育方法、教育环境和教育评估等多个方面。了解和尊重这些特殊性，是实施有效特殊教育的前提和基础。通过个性化教育设计、多感官协同教学、无障碍环境和多元化评估方式，特殊教育能够更好地满足有特殊需求学生的个性化需求，促进他们的全面发展。

《残疾人教育条例》指出："实施残疾人教育，应当贯彻国家的教育方针，并根据残疾人的身心特性和需要，全面提高其素质，为残疾人平等地参与社会生活创造条件。"特殊教育的目的始终在于帮助残疾人适应生活、融入社会，更多地关注其获得基本社会生活的能力，特殊教育的教学始终以“个性化”的原则展开。未来，随着科技的进步和社会的进步，特殊教育将会不断发展和完善，为更多有特殊需求的学生提供更加优质的教育服务。

三、教育教学中的困境

（一）残障大学生英语学习资源极度缺乏

伴随着英语高等教育发展的日新月异，教学资源实现了极大丰富，为学生提供了多样化和高质量的学习体验。普通大学生有丰富的英语教材和辅导书可供选择，除了内容丰富而系统的纸质教材，数字化教材也逐渐成为主流。这些教材不仅包括文本，还集成了音频、视频和互动练习，增强了学习的多感官体验。近些年，大量优质的在线资源平台（如 Coursera、edX、Udemy 等）提供了丰富的英语课程。这些课程由知名大学和机构提供，内容涵盖广泛。教师也可以根据学生的水平选择适合的教材，进行系统的教学，较轻松地实现翻转课堂和线上线下混合教学，增强了学生的自主学习能力和课堂参与度。

近年来，特殊教育领域的研究和实践虽然取得了一定的进展，但是特殊教育类大学生在学习资源的获取方面仍面临诸多挑战和局限性，现有的学习资源在数量和质量上都无法完全满足这些学生的需求。例如，缺少专用教材、在线资源，在线教学平台缺乏针对残障学生的互动设计，使学生在讨论和提问时面临障碍等，导致教学效果不尽如人意。

对于听障生来说，目前的教材存在内容单一、创新不足的问题，许多教材无法与最新的教育研究和教学方法接轨，如现有的大学英语教材大多是为听力健全的学生设计，未能充分考虑听障生的特殊需求。这些教材存在两个方面的局限。一是大量教材设计了听力理解和听力练习，这对于听障生来说完全无法使用。这不仅无助于他们的学习，反而增加了学习的挫败感。二是专属在线资源十分匮乏，虽然有一些难度合适的在线资源，但往往因缺乏字幕或手语翻译，使听障生无法有效利用。

对于视障生来说，由于盲文教材制作复杂且成本高昂，制作周期长，因此视障大学生所需的盲文教材供应不足，无法及时提供最新的教学资源，许多课程的盲文版教材难以找到或订购。某些在线教学平台未进行无障碍设计，视障生使用屏幕阅读器时遇到技术障碍。另外，由于教学环境未针对视障生进行调整，如没有语音提示和辅助导航工具、在线课程中使用的图表和视频没有音频描述等，视障生难以全面理解课程内容。

（二）英语教师面临的现实挑战

首先，特殊教育英语教师要面对课程资源的困境。从事特殊教育英语教学的教师需要花费大量时间对现有的针对普通学生的教学资源进行开发建设，以适应残障学生的需求。这不仅增加了教师的工作负担，也需要教师具备较高的专业素养。

其次，对于特殊教育英语教师来说，沟通障碍也是一大挑战。听力障碍或语言障碍的学生可能难以理解口头指令或表达自己的想法，这需要教师采用更多的视觉和触觉教学手段。此外，残障学生的学习进度和学习方式可能与普通学生不同，教师需要为此制订个性化的教学计划，这增加了教师的工作负担。

再次，特殊教育英语教师不仅需要具备基本的教学能力，还需掌握特殊教育的相关技能，如熟练的手语、心理学、康复教育学等方面的综合知识和技能。教师需要掌握特殊的教学技巧和教学方法来满足残障学生的需求，这对于从事残障学生英语教学的教师来说是巨大挑战。另外，教师还需处理班级管理的问题，确保残障学生在班级中得到公平的对待，并且能够积极参与课堂活动。

最后，特殊教育英语教师还要应对心理上的挑战。面对残障学生，教师需要有更多的耐心和同理心，同时也可能会感到压力，担心自己无法满足学生的特殊需求。

在高等特殊教育中，听障生和视障生面临诸多困境与挑战，这急切呼吁教育工作者关注教材的可适性、教学辅助工具的强效性、在线资源的多样性与创新性。

第二节 研究意义

一、学生角度

从学生的角度来看，特殊教育英语课程资源建设的重要性主要体现在个性化学习、提高学习效果以及增强独立性上。首先，个性化学习是特殊教育的核心理念。传统的教学方法往往难以适应有特殊需求学生的个体差异，而通过为不同障碍类型的学生量身定制的学习资源，如盲文教材、语音识别软件和屏幕阅读器等，能够精准满足学生的特殊需求，使他们能够以适合自己的方式参与学习。这不仅提高了他们的学习兴趣，也增强了学习的自信心和积极性。个性化的学习资源还可以根据学生的学习进度和能力进行调整，使学习过程更加灵活和高效。其次，这些专门设计的课程资源显著提高了学生的学习效果。无论是听障生使用的助听设备，还是视障生使用的放大镜和盲文显示器，这些工具都能够帮助学生更好地理解和掌握学习内容，提升他们的学习表现和语言能力。特别是在英语学习中，听力和阅读是关键，通过这些辅助技术，学生可以更好地接触和理解英语材料。最后，辅助技术和课程资源还增强了学生的独立性。通过使用这些技术和资源，学生能够更加自主地完成学习任务，减少对他人的依赖，培养自我管理能力和独立学习的习惯。这种独立性不仅在学习上有助于他们的成长，也在日常生活中增强了他们的自信和自立能力。

二、教师角度

“大学英语”属于国家统一课程，不能满足听障生发展需要。作为课程资源开发的主体，教师最了解残障学生的能力层次、知识结构和兴趣，其开发的课程也更容易被学生接受和认可。在课程开发过程中，教师能注重课程资源的科学性、系统性、实用性等特点，较好地鼓励和促进学生的学习，使课程成为实现从高中到大学英语教学衔接的重要保障。

要建设新的英语课程资源，教师就要跳出传统的教学框架，探索和实施新的教学方法。教师不仅要具备扎实的语言功底，还要具备一系列专业技能和知识。例如，要掌握手语（如美国手语 ASL 或中国手语）和基础的盲文知识，以便在教学中进行有效的沟通和讲解；能够为教学视频和在线资源制作准确的字幕，制作高质量的音频，确保内容清晰、连贯，适合残障学生使用；能够熟练使用屏幕阅读器软件（如 JAWS、NVDA），并能够指导学生使用这些工具；能够熟练使用互动白板、实时字幕生成工具、多媒体投影和其他视觉教学工具，增强课堂互动和学习效果；了解如何设计和使用无障碍教学资源和环境，包括教材、教学工具和教室布局等。课程资源建设使教师不断学习和更新自己的知识体系，提升专业水平，锻炼资源开发能力，提升设计和实施教学活动的实践能力。

课程资源的开发是以学校发展、师生成长为本。教师要研究相关的课程理念和标准、认真学习课程理论，还要研究学生的特点，结合学生特点、基础知识掌握情况和兴趣进行开发。因此，教师要不断学习相关的理论知识、不断思考和反复修改，不仅要让开发的课程资源适合学生，还要保证课程资源的高质量。这必然有利于提高教师专业技术能力和教研水平，发挥教师个性特长和造就一支高素质、高水平的专业教师队伍。在课程资源开发完成后，教师要把新的课程资源与教学实际相结合，通过教学过程不断实践与反思，进一步促进专业的可持续发展，增强职业素养和教学责任感。

三、学校及高等教育角度

从学校及高等教育的角度来看，特殊教育英语课程资源的建设对提升教育质量、推动教育创新具有重要意义。首先，学校通过引入和使用特殊教育资源，可以显著提升教育质量。特别是对于有特殊需求的学生，提供适当的教育资源能够打造一个公平包容的教育环境，使所有学生都能得到应有的支持和教育。这不仅符合教育公平的原则，也提升了学校的整体教学水平。通过特殊教育资源的应用，学校可以更好地满足学生的个体需求，提升教育的包容性和多样性。其次，特殊教育资源的开发和应用推动了教育技术的创新。为满足特殊教育需求，教育科技需要不断进步和创新，如语音识别技术、人工智能和虚拟现实的应用等，这些技术不仅提升了特殊教育资源的质量，也推动了整个教育科技领域的发展。教育技术的进步不仅有助于特殊教育，也对整个教育体系的革新和进步起到了积极的推动作用。最后，使用和推广特殊教育资源不仅保障了学生的权益，也提升了学校等教育机构的社会责任感和公信力，能够树立良好的社会形象，赢得更多的社会支持和认可。

综上所述，特殊教育英语课程资源建设研究具有深远而广泛的意义。它不仅提升了个体的学习体验和学习效果，也推动了教育公平、技术创新。这类研究对教育体系的整体进步和社会的和谐发展具有重要的贡献。通过不断完善和推广特殊教育资源，可以为有特殊需求的学生提供更好的教育环境和学习机会，实现教育公平和社会包容的目标。随着科技的发展和教育理念的进步，特殊教育英语课程资源的建设将会有更加广阔的发展前景，为更多学生的成长和发展提供坚实的支持和保障。

第三节　文献综述

一、概念界定

在研究高等特殊教育英语课程资源建设过程中，涉及多个重要概念，这些概念的明确界定对于确保研究的科学性和严谨性至关重要。下面对听障大学生、视障大学生、特殊教育课程资源、无障碍教学辅助技术等概念进行界定和解释。

（一）听障大学生

听障大学生是指在听觉能力方面存在不同程度的障碍，但能够通过适当的辅助工具、资源和支持，继续接受高等教育的学生。这些学生根据听力损失的程度可分为聋和重听两类。聋生指听力损失较重，平均听力损失在 60 分贝以上，通常依赖手语进行交流；重听学生则指听力损失较轻，能够利用助听器进行一定程度的听觉补偿。本书所指的听障大学生主要是前者，他们大多只能依靠手语互相交际和交流思想，是年龄为 16—19 岁达到特殊高等教育条件的听障生。

（二）视障大学生

视障大学生是指在视觉能力方面存在不同程度的障碍，但能够通过适当的辅助工具、资源和支持，继续接受高等教育的学生。视障范围包括视力有所减弱，但通过大字体、强对比度材料或放大镜等辅助工具可以部分弥补的轻度视力减退者；也包括需要更大字体、更高对比度的材料和更专业的放大设备，可能需要特殊的照明条件的中度视力减退者；还包括几乎完全依赖盲文、语音辅助设备和触觉工具的严重视力减退者及完全失明者。本书所涉及的视障生包括以上所有类型。

（三）特殊教育课程资源

特殊教育课程资源是指为满足有特殊教育需求的学生（如听障生、视障生等），在教育过程中所需的各种教学材料、辅助工具和支持服务。这些资源旨在确保这些学生能够有效地参与学习活动，获得公平的教育机会，并最大限度地发挥其潜力。特殊教育课程资源涵盖以下几个方面。教材和教具：教材包括个性化教材，如盲文教材、手语视频教材和简化版课本，以适应学生的特定需求；教具，如触觉图表、模型和可视化工具，帮助学生理解抽象概念和内容。辅助技术：硬件设备，如屏幕阅读器、放大设备、助听器和电子盲文显示器，帮助学生更好地接收和处理信息；软件工具，如语音合成软件、字幕生成软件和手语翻译应用，提高学生的学习效率和效果。教学方法和策略：个性化教学计划根据学生的具体需求和能力制定个性化的教学目标和内容；多感官教学法，结合视觉、听觉、触觉等多种感官进行教学，增强学生的学习体验和效果。支持服务：专业支持，如特殊教育教师、言语治疗师和职业治疗师为学生提供专业的指导和支持；心理辅导，为学生提供心理支持和辅导，帮助他们克服学习和生活中的困难。在线资源和平台：适合特殊教育需求的在线课程和学习模块，为学生提供灵活的学习机会；资源库，集成各种教学资源、案例、指南和工具，方便教师和学生查阅和使用。这些特殊教育课程资源能够显著提升特殊教育的质量和效果，促进教育公平，为有特殊教育需求的学生提供更加包容和多样化的学习环境。

（四）无障碍教学辅助技术

无障碍教学辅助技术是为了满足特殊教育需求，尤其是为残障学生提供无障碍学习环境所使用的各种技术和工具。这些技术旨在帮助有特殊需求的学生克服学习过程中的障碍，从而实现教育公平和个性化学习。具体技术包括助听设备，如助听器和频率调制（FM）系统，帮助听障生更清晰地听到教师讲解和课堂讨论；视力辅助设备，如放大镜、屏幕阅读器和盲文显示器，帮助视障生获取和理解教学内容；交流辅助设备，如语音生成设备和交流板，帮助有交流障碍的学生更有效地表达自己的想法和需求；符合无障碍标准的数字化学习平台，能确保所有学生都可以平等地访问和使用教育资源；根据学生具体需求定制的个性化教学软件，如语言学习软件和认知训练应用；辅助书写工具，如语音转文字软件和电子笔，帮助书写有困难的学生完成作业和考试。这些技术的应用旨在减少或消除由于身体、感官或认知障碍所带来的学习障碍，从而为有特殊教育需求的学生提供一个更加公平和包容的教育环境。

二、国内外相关研究

（一）国内研究状况

第二次全国残疾人抽样调查数据显示，我国听障人士超过 2780 万人，视障人士达到 1700 多万人，几乎每 50 人中就有 1 人有听力障碍，每 80 人中就有 1 名视觉障碍者。据央广网 2022 年 6 月的报道，“十三五”期间，全国共有 5.75 万名残障学生被高校录取，比“十二五”期间增加 1.92 万名，增长 50.1%。

从高等特殊教育入学考试情况来看，国内招收残障学生（主要是听障与视障）的高等学校（院）共 14 所。2023 年以前，各高等学校（院）是自主命题、招生，公平性、权威性不够，而且许多残障考生多地“赶考”，有时还会出现考试时间“撞车”等情况。2023 年 4 月，在教育部和中国残疾人联合会的大力支持下，我国五所代表性的特殊教育高等学校（院），即北京联合大学、天津理工大学、长春大学、郑州师范学院、滨州医学院，首次采取线下联合考试形式。在考试科目的设定上，各校无一例外都将英语作为基础必考科目之一，考试形式、考试标准和考试难度相对统一。随后，大学英语也成为残障大学生的公共必修课程，标志着我国在残障高等教育道路上又前进了一大步。

从高等特殊教育研究的角度来看，2019—2023 年，分别以“残障”“听障”“视障”“特殊教育”“高等特殊教育”等关键词检索，在中国知网共检索到相关论文 412 篇。国内研究者更关注残障学生就业、心理健康、教育方式、教学模式等。以“特殊教育课程资源”为关键词进行检索，共检索到 11 篇论文，主要集中在义务教育阶段的研究。而以“英语课程资源”为关键词进行检索，则可检索到研究论文 1151 篇。即便是以“大学英语课程资源”为关键词进行检索，也可检索到上百篇论文。由于残障类课程资源极度缺乏，对此类英语课程资源的研究目前较少。因此，大力开发高等特殊教育英语课程资源，建设一套适合残障大学生的资源素材，是高等特殊教育课程发展需要优先重点解决的问题。

从高等特殊教育英语在线资源及教材的角度来看，2020 年 12 月第一届世界慕课大会提供的数据显示，我国的慕课总数稳居世界第一，但是目前在“中国大学慕课”平台开放的英语课程中只有一门课适用于残障大学生，在线资源极度缺乏。另外，教材属于课程资源的核心部分，但是长久以来残障学生无专用英语教材，只能选用基于普通学生的基础和学习特点设计的教材，不适合残障学生的特点和需求。

从无障碍教学辅助技术利用的角度来看，虽然绝大多数教室配备了计算机多媒体，但一些教师仍习惯使用幻灯片课件教学，学生之间的互动和使用英语的机会较少，教学效果不够理想。

（二）国外研究状况

在国外，近年来接受高等教育的残障大学生人数剧增。英国高等教育统计局、美国国家教育统计中心等机构的数据显示，在美国、英国和澳大利亚的高等教育体系中残障大学生分别占到大学生总人数的 9%、5% 和 3%。

从对高等特殊教育教学的研究角度来看，国外学者对高等特殊教育的研究主要集中在政策及实证研究两大方面，例如，Bernadette C. Hayes、Ian McAllister、Lizanne Dowds（2017），David Harry Smith、Jean F. Andrews（2015），David Bolt（2014），Philip Vickerman、Milly Blundell（2010），以及 Mary Fuller 、Andrew Bradley、Mick Healey（2004）主张关注特殊群体，将残障学生纳入高等教育体系，享受优先关注的政策和注重政策的实施，避免融合教育实施过程中的缺陷和华而不实。

从课程资源的研究角度来看，Croft、Emma（2020），Heidi Lourens、Leslie Swartz（2016），Ozcan Konur（2012），David Sloan、Peter Gregor、Paul Booth、Lorna Gibson（2012），Heather M. Fortnum、David H. Marshall、John M. Bamford、A. Quentin Summerfield（2006）等从课程资源建设、使用与评估以及研究场景教育、增加交流途径和方法等方面进行研究。2021 年在美国《可持续发展》杂志上，Nagwa Babiker Abdalla Yousif、Enaam Mohammed Yousif、Rasha Mohamed Abdelrahman 发表的介绍美国大学特殊教育资源中心的资源使用对听障大学生的影响案例，表明了特殊教育课程资源建设的有效性和持续性。

在课程资源建设方面，部分发达国家的融合教育课程已逐渐等同于“国家课程”。融合教育课程的开发与完善得到了极高的重视，由教育部门和高校合作开发了丰富的课程及拓展资源供师生使用，包括整套的交流工具。例如，2006 年由欧洲委员会（Council of Eurape）与罗马聋人国家学院（Roma-State Institute for the Deaf in Rome）共同出资，在英国伦敦大学建设的针对听障学生的学习资源中不仅有带字幕的场景对话、国家手语的视频展示，还有丰富的互动教学活动、视频讨论等。

从主要研究方向与成果来看，Mayberry 和 Lock（2003）研究发现，手语和英语的双语教育模式能够显著提高听障生的语言能力。手语流利的听障生在学习书面英语时表现更佳，因为手语提供了稳固的语言基础；而视障生在语言学习中主要依赖听觉和触觉输入。国外学者认为，视障生在词汇积累和语言理解方面具有一定优势，因为他们对听觉输入的敏感度较高。例如，Hull（1977）的研究表明，视障生在听力和口语表达方面通常表现优异。

随着科技的发展，许多学者探讨了技术辅助工具在听障生英语教育中的应用。例如，Stinson 和 Lui（1999）研究了实时字幕和语音识别技术在课堂中的应用，结果表明这些技术能够有效提高听障生对课程的理解和参与度；有声读物和录音教材在视障生英语教育中得到了广泛应用。Clark 和 Stoner（2008）的研究表明，利用听觉资源可以帮助视障生更好地掌握语言结构和词汇。同时，国外学者强调，个性化的教学策略在听障生英语教育中至关重要。Marschark 和 Spencer（2010）的研究表明，根据每个学生的具体需求和能力定制教学计划，能够显著提升其学习效果。

三、研究启示综述

通过文献梳理和研究现状调查，结合相关概念，可以对英语课程资源的开发建设研究提供以下重要启示。

（一）听障生课程资源注重多样化和无障碍设计

针对听障大学生的课程资源开发需要注重多样化和无障碍设计。首先，开发带有准确字幕和手语翻译的多媒体教材，确保听障生能够通过视觉和手语获取信息。实时字幕生成技术，如CART系统的应用，对于课堂和在线教学的无障碍化至关重要。其次，互动式学习工具的使用，如互动白板和多媒体软件，可以增强课堂上学生的互动性和参与度。教师应接受手语培训和无障碍教学设计培训，提升他们与听障生的交流能力和教学能力。最后，提供助听器、人工耳蜗等听力辅助设备，以及智能笔和录音设备，确保听障生能够记录和复习课堂上学习的内容。

（二）视障生课程资源注重多感官学习和无障碍数字平台建设

对于视障大学生，课程资源开发应侧重多感官学习和无障碍数字平台建设。制作盲文和音频教材是基础，而触觉图书和模型可以帮助学生通过触觉理解复杂概念。在线学习平台须兼容屏幕阅读器，并提供语音导航和操作提示，为所有视频和图像内容添加音频描述。教师须接受盲文培训和辅助技术应用培训，熟悉盲文显示器、电子书阅读器、语音识别和合成软件等辅助设备。这些措施旨在确保视障生能够平等地获取信息，并有效参与学习过程。

综合来看，个性化资源开发和动态调整是关键，课程资源须根据学生的具体需求和反馈进行调整。跨学科合作则是确保课程资源高质量的重要手段。通过组建由特殊教育专家、技术人员、英语教师和家长组成的团队，共同开发和优化课程资源。建立资源共享平台，促进机构间的合作和交流，分享最佳实践经验，能够进一步提升课程资源的适应性和有效性。

（三）课程资源建设的技术路线图

根据课程资源开发和课程资源的相关文献研究，本书设计了明确的课程资源建设技术路线图，厘清了研究思路，并借鉴了课程资源建设的相关依据，如课程资源建设原则和体例的确定。以英语教材编写为例，针对要解决的问题，对研究方法、研究目标、研究内容以及理论框架进行整合，形成了英语教材编写技术路线，如图 1–1 所示。

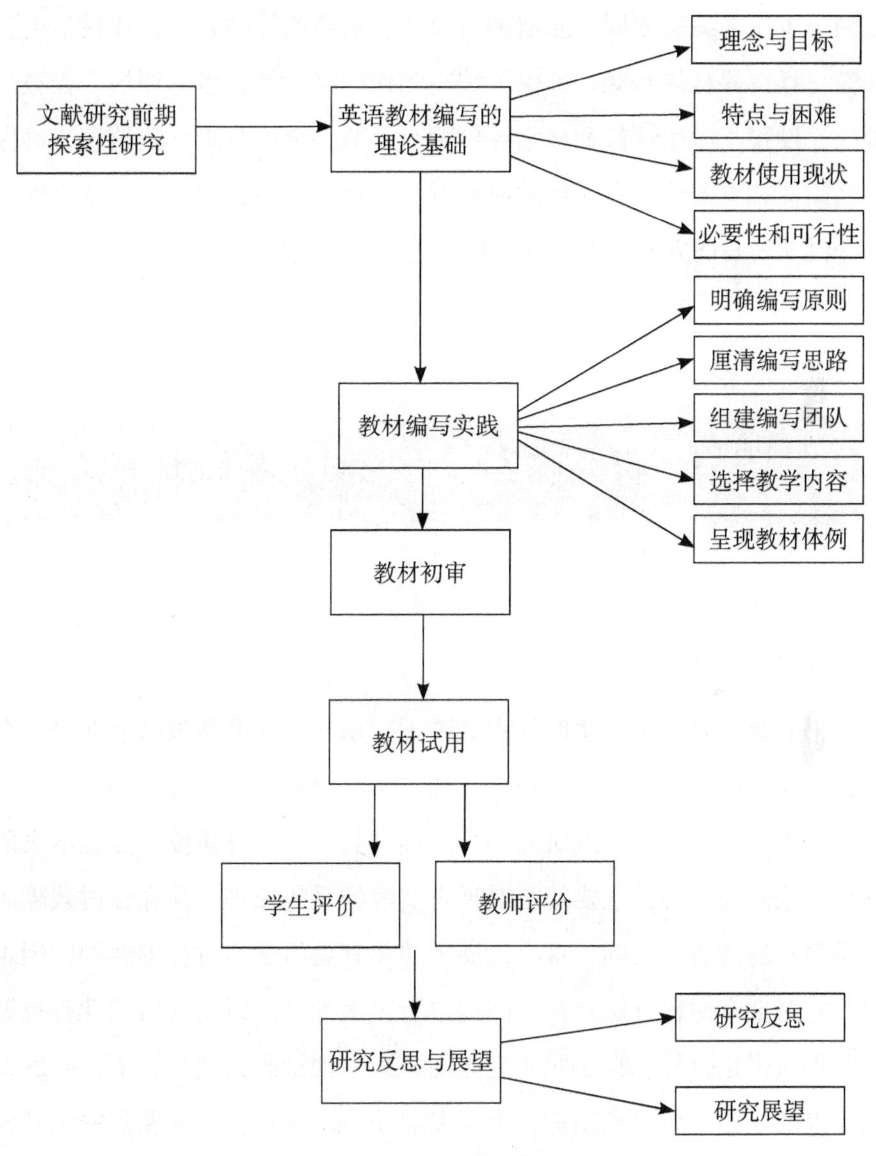

图 1–1　英语教材编写技术路线

图 1–1 展示了英语教材编写的全过程，覆盖了每一个重要的步骤和环节。系统性强，流程从文献研究到研究反思与展望，逻辑清晰，确保了编写

工作的系统性和连贯性；注重基础，以“英语教材编写的理论基础”为核心，包含理念与目标、特点和难点、教材使用现状、必要性和可行性等多个方面的研究，为后续的编写工作打下坚实基础；实践性突出，教材编写实践部分详细列出了明确编写原则、厘清编写思路、组织编写团队、选择教学内容和呈现教材样例等具体步骤，确保了编写工作的操作性；多重评估，在教材试用阶段，设置了学生评价和教师评价两个环节，全面收集反馈信息，确保教材的适用性和有效性；在最后的研究反思与展望阶段，注重总结整个编写过程和探讨未来发展方向，为后续教材改进提供依据。

第四节　研究内容、研究对象与研究方法

一、研究内容

本书立足于残障大学生的特点和学习需求，旨在开展教材、课件、在线资源、教学辅助资源、手语视频、音频、文本资料等多种资源的开发与建设研究，涵盖理论研究与实践研究两个方面。其中，教材建设研究是本书的重点。在理论研究方面，主要基于对现有文献的系统梳理，深入探讨残障大学生英语教学的理念与目标、身心发展规律及其英语学习过程中遇到的困难与障碍，并对现有课程资源存在的问题进行全面评估，以此为后续课程资源开发实践提供理论指导。在实践研究方面，则在理论研究的指导下，明确课程资源建设的原则、思路和结构，组建专业团队，进行实际的课程资源开发和应用研究。通过理论与实践的结合，本书力求为残障大学生提供切实可行的英语学习资源，推动其学业成功与全面发展。

二、研究对象

本书以残障大学生（听障及视障）本科一、二年级的英语课程资源建设为研究对象。

三、研究方法

为了系统而深入地探讨和解决残障大学生英语课程资源建设中的问题，在资源建设或研究的过程中，采用了多种学术性研究方法。这些方法包括文献研究、质性研究、设计研究和行动研究等。每种方法在不同的研究阶段和环节中发挥着关键作用。

（一）文献研究

文献研究是本书的起点，通过对国内外相关文献的系统梳理和分析，明确研究的理论基础和前沿动态。文献综述不仅包括对残障学生教育理论的回顾，还涉及具体的听障生和视障生英语学习的研究成果。通过文献综述，笔者对当前英语课程资源建设中存在的不足和挑战进行了全面介绍，并为后续研究提供了坚实的理论支持和参考依据。

（二）质性研究

质性研究方法主要用于深入理解残障大学生的学习需求和体验。通过深度访谈和焦点小组讨论，收集听障生和视障生在英语学习过程中的第一手资料。这些访谈和讨论涵盖了学生在课堂参与、学习材料使用、辅助技术需求等方面的具体情况和主观感受。质性数据的分析采用编码法和主题分析法，挖掘出影响残障学生英语学习的关键因素和潜在问题，从而为课程资源开发提供真实有效的依据。

（三）设计研究

设计研究方法是本书的核心，通过实际的课程资源开发和应用，探索最佳的课程资源建设模式。在设计研究过程中，研究团队结合文献研究和质性研究结果，开发多种类型的英语课程资源，包括《听障大学生英语》教材、与教材配套的 PPT、带字幕的视频资料、手语翻译视频、音频教材等。其中，《听障大学生英语》教材设计研究采用迭代开发模式，通过不断设计、测试和改进，确保资源的实用性和有效性。每一轮迭代都基于学生和教师的反馈，进行必要的调整和优化。

（四）行动研究

行动研究方法强调研究者与被研究者的共同参与，通过实际行动解决问题。在课程资源开发时，研究团队与教师和学生密切合作，实施并监测课程资源的使用情况。行动研究不仅包括课程资源的开发，还包括课程资源在实际教学中的整合和应用。研究团队通过观察、记录和反馈，及时发现问题并进行调整，确保课程资源能够真正满足学生的需求，提高教学效果。

英语课程资源开发利用情况记录见表 1-1。

表 1-1　英语课程资源开发利用情况记录

<table>
<tr><td rowspan="9">主题</td><td colspan="2">开发的课程资源</td><td>教学活动</td><td>利用的课程资源</td><td>使用效果反馈</td></tr>
<tr><td>类别</td><td></td><td rowspan="8"></td><td rowspan="8"></td><td rowspan="8"></td></tr>
<tr><td>内容</td><td></td></tr>
<tr><td>教材</td><td></td></tr>
<tr><td>课件</td><td></td></tr>
<tr><td>在线资源</td><td></td></tr>
<tr><td>微音频</td><td></td></tr>
<tr><td>微视频</td><td></td></tr>
<tr><td>其他文本资料</td><td></td></tr>
</table>

在以上各方法的基础上，本书形成了系统的研究框架和路径。文献研究奠定理论基础，质性研究提供深入理解，设计研究进行实际开发，行动研究确保实践中的应用和改进。通过多种方法的综合运用，本书不仅在理论上探讨了残障大学生英语课程资源建设的必要性和可行性，还在实践中开发并验证了具体的课程资源及其建设方法，为提升残障大学生的英语学习效果提供了科学依据和实践指南。

第二章　高等特殊教育英语课程资源建设基础

第一节　教学理念与教学目标

一、教学理念

特殊教育大学英语教学应该遵循“以学生为中心，以教师为主导，以能力培养为本”的教学理念。

（一）以学生为中心

在残障大学生英语教学中，“以学生为中心”是现代教育理念的核心。这一理念强调教学过程应以学生的需求、兴趣和个体差异为出发点，确保每个学生都能在适合自己的环境中学习和成长。首先，个性化的教学设计至关重要。教师需要根据有特殊需求的学生的具体情况，提供针对性的教学方案。例如，对于听障生，教师应提供带字幕的视频和手语翻译；对于视障生，则应提供盲文教材和音频材料。这样的个性化资源和方法能够确保每个学生都能获得平等的学习机会。其次，鼓励学生自主选择学习内容和进度，培养他们的自主学习能力也是以学生为中心理念的重要体现。教师应为学生提供丰富的学习资源和支持，如在线课程和互动学习平台，让学生能够根据自己的兴趣和需求进行探索和学习。同时，建立有效的反馈机制，及时了解学生的学习情况和需求。教师应定期与学生沟通，收集他们对课程内容和教学方法的反馈，并根据反馈进行调整和优化，确保教学效果的持续提升。

（二）以教师为主导

“以教师为主导”强调教师在教学过程中的指导和引领作用。尽管学生是学习的主体，但教师的角色依然至关重要。教师需要在教学设计、课程资源提供、课堂管理等方面发挥主导作用，确保教学目标的实现和教学质量的提高。新英语教学大纲模块要求教学要发挥学生的自主能动性，形成融洽的师生关系，激发学生的学习兴趣，培养学生积极的态度和情感，鼓励学生勇于实践和尝试，树立自信心。作为教师应该成为学生学习过程的指导者、设计者、策划者，有包容心，尊重个性、尊重差异，要与学生形成民主、平等、友好的师生关系，通过形象的肢体语言、丰富的表情和充满激情的声音去引导、鼓励他们，引发他们的学习动机和参与课堂的愿望。教师应教会学生遇到困难时要有坚强的决心，帮助学生建立适合自己的学习目标，积极参与到学习活动中，获得成就感，树立自信心。

（三）以能力培养为本

“以能力培养为本”是英语教学的最终目标，强调教学活动应以培养学生的实际语言运用能力和综合素质为核心。对于残障大学生来说，这一目标更加重要，因为他们在学习过程中可能面临更多的挑战和障碍。英语教学应注重基本技能的发展。通过多样化的教学活动，如阅读理解、翻译和写作训练，帮助学生提高综合语言能力。此外，英语教学不仅仅是语言技能的培养，还应包括文化背景知识和跨文化交际能力的提升。通过介绍英语国家的文化、历史和社会背景，帮助学生理解语言背后的文化内涵，增强他们的语言理解力和适用性。培养学生的自主学习能力，使他们能够在未来的学习和生活中持续提升自己的英语水平也是以能力培养为本理念的重要体现。教师应教授学生学习策略和方法，如时间管理、课程资源利用和自主反思，帮助学生成为终身学习者。

综合来看，“以学生为中心，以教师为主导，以能力培养为本”的教学理念在残障大学生英语教学中具有重要的指导意义。以学生为中心，教学过程能够更加关注学生的个体需求和学习体验，确保每个学生都能获得平等的学习机会和支持。教师作为教学的主导者，需要在教学设计、课程资源提供和课堂管

理等方面发挥关键作用，为学生提供高质量的教学服务和支持。以能力培养为本，确保教学活动始终围绕学生的实际语言运用能力和综合素质的提升展开。

二、教学目标

（一）课程定位

“大学英语”（听障和视障）是一门专为特殊教育学院听力障碍或视力障碍的本科生开设的基础必修课程，既具有工具性又具有人文性，是通识教育的重要组成部分。该课程在促进大学生知识、能力与素质的协调发展方面具有重要意义。该课程内容涵盖英语语言知识与应用技能、学习策略和跨文化交际，以外语教学理论为指导，结合多种教学模式和教学手段，为学生提供全面的语言教育支持。

（二）课程培养目标

残障生大学英语课程的教学目标是进一步提高残障大学生在读、写、译（听）等方面的综合语言应用能力，增强他们的跨文化交际意识和交际能力。同时，课程还旨在发展学生的自主学习能力，提高综合文化素养，培养人文精神和思辨能力，使学生在学习、生活和未来工作中能够恰当地使用英语，满足个人发展的需要，为学校、社会乃至国家的发展作出贡献。课程特别注重培养学生对中国文化的理解和阐释能力，以服务于中国文化的国际传播。

（三）教学目标

在知识层面上，能够基本理解简单的英语和手语相结合的授课内容；理解教材中简单故事的中心大意，抓住要点；能够根据材料回答与课文相关的问题；能够在高中基础上增加 200—400 个单词的词汇量。

在应用层面上，能运用基本的阅读技巧，能围绕课文话题进行简单的书面语叙述或描述，能够运用所学词汇、语法知识翻译汉语短句。在综合能力方面，能够结合单元主题，整合读、写、译等语言技能；完成短句翻译或60—100个单词的书面汇报。

在情感获得层面上，具有团队合作的意识，能够与同学进行初步的合作学习。建立积极的自我认知和健康的心理状态，应对学习和生活中的压力和挑战，增强自信心和适应能力。

在价值观层面上，能意识到语言学习的重要性，初步认识中西文化的差异；认同礼貌、善良、勇敢等方面正确的价值观。

在可持续学习能力层面上，能够在教师的引导下形成使用恰当英语学习策略的意识，初步养成使用线上线下资源自主学习的意识；具备时间管理、资源利用、自我评估和反思的技巧；在课堂之外进行广泛的英语学习和实践，形成有效的学习习惯，提高学习效率和效果，具备不断学习和适应发展的能力。

总之，特殊教育大学英语教学应遵循“以学生为中心以，教师为主导，以能力培养为本”的教学理念。以学生为中心，强调根据有特殊需求学生的需求、兴趣和个体差异，提供个性化的教学设计和课程资源，确保每个学生都能获得平等的学习机会和支持。以教师为主导，要求教师在教学设计、课程资源提供和课堂管理中发挥关键作用，建立民主、平等、友好的师生关系，激发学生的学习兴趣和自主学习能力。以能力培养为本，强调培养学生的实际语言运用能力和综合素质，通过多样化的教学活动和文化背景知识的传授，提升学生的跨文化交际能力和自主学习能力。“大学英语”（听障和视障）作为基础必修课程，旨在提高学生的综合语言应用能力、跨文化交际能力、自主学习能力和综合文化素养。其教学目标涵盖培养学生学习、应用知识的综合能力，情感获得能力，正确的价值观和可持续学习的能力，旨在促进学生的全面发展，使他们够在未来的学习、生活和工作中恰当地使用英语，满足个人发展的需求，进而为学校、社会乃至国家的发展作出自己的贡献。

第二节　理论基础

一、建构主义理论

（一）建构主义理论的起源与发展

建构主义理论是20世纪发展起来的一种教育学理论，源于认知心理学，特别是皮亚杰（Jean Piaget）和维果茨基（Lev Vygotsky）的研究成果。皮亚杰认为，学习是个体认知结构的不断建构和重建过程，他强调学习者通过同化和顺应达到认知平衡，即在已有认知结构的基础上吸收新信息（同化），并调整认知结构以适应新信息（顺应）。维果茨基的理论强调社会互动在学习中的重要性，他提出了“最近发展区”（Zone of Proximal Development，ZPD）的概念，指出学习者在有指导的且比独立的情况下可以完成更复杂的任务。维果茨基强调语言和社会互动在认知发展中的关键作用，为建构主义提供了重要的社会文化基础。建构主义理论的几个基本原则：学习者中心原则，强调学习者的主动性，学习是学习者与环境互动的过程；社会互动原则，知识的建构通过与他人互动、讨论和合作实现；情境学习原则，学习应在真实的情境中进行，以促进知识的迁移和应用；多元化视角原则，鼓励从不同角度理解和解决问题，促进深层次理解。建构主义理论强调学习者主动构建知识，而不是被动接收信息。通过了解建构主义理论的起源与发展，我们可以更好地应用这一理论指导高等特殊教育英语课程资源建设。

（二）建构主义理论在英语课程资源建设中的应用

建构主义强调在真实情境中进行学习。例如，对于听障大学生而言，英语学习需要与实际生活紧密结合。在教材编写中，可以设计多种生活情境。例如，饮食、健身等日常生活情境，帮助学生掌握日常交流用语；课堂讨论、作业交流等学习情境，培养学生在学术环境中的语言能力；求职面试、与人相处等工作情境，为学生将来就业作好准备。具体实施时，教师可以通过故事情节、角色扮演、模拟对话等形式，让学生在情境中进行语言实践，提升学习效果。例如，在《听障大学生英语》第二单元 B 篇，教师可以设计一个“购物”的情境教学活动。教师提供购物清单、商品图片和价格标签等教学资源。学生分组扮演顾客和售货员，通过模拟购物场景进行对话练习，在真实情境中进行语言实践，学习购物相关的英语表达和词汇。通过这种情境教学，学生不仅能够提高语言能力，还能够增强实际生活沟通技巧。这样的教学方法生动有趣，能让学生更好地理解和运用所学知识，使他们在真实的交流场景中更加自信和从容。

协作学习是建构主义理论的重要组成部分。对于听障大学生而言，协作学习不仅可以显著提升语言学习效果，还能有效促进社会交往能力的发展。在教材中设计各种小组活动和合作任务是至关重要的。例如，针对特定主题展开小组讨论，能够培养学生的表达和倾听能力；共同制作海报或完成基于主题的视频拍摄任务，则有助于增强团队合作精神。此外，通过模拟真实生活或设定情境进行内容展示，分角色转移场景进行对话及情景展示，可以有效提升学生的实际应用能力。在这些活动中，教师起到引导和支持的作用，提供必要的帮助和反馈，确保每个学生都能积极参与并从中受益。例如，在《听障大学生英语》第八单元的课后小组展示部分，精心设计了一项名为“旅游攻略制作”的小组项目。学生被分成若干小组，各自选择一个旅游目的地，收集相关信息，制作详细的旅游攻略。在这个合作过程中，学生需要进行深入讨论、合理分

工、查找资料并撰写攻略，最终进行展示和分享。通过这种协作学习方式，学生不仅显著提高了英语写作和口语表达能力，还培养了团队合作精神和信息处理能力。通过这样实用性强的项目活动，学生得以在真实情境中应用所学知识，显著增强了他们的实际操作能力和自信心。这种教学活动不仅提升了语言学习效果，更为学生提供了宝贵的实践经验，使他们在真实生活中更加游刃有余。

建构主义理论强调个体差异，倡导根据学生的兴趣、需求和能力进行个性化教学。听障大学生在英语学习上存在显著的个体差异，教材编写应充分考虑这一点，提供多层次、多样化的学习材料和任务。例如，多样化的学习内容，包括基础知识、拓展阅读、听力训练等，满足不同层次学生的需求；灵活的学习方式，如自学、合作学习、项目学习等，适应学生不同的学习风格和节奏；个性化的评估与反馈，根据学生的进步和表现，提供个性化的反馈和指导，帮助学生不断改进。在具体实施时，可以在教材中设计不同难度的练习和任务，让学生根据自己的水平进行选择。同时，提供多种形式的评估方法，如自评、互评和教师评估，全面了解学生的学习状况。在残障学生的英语学习中，教师可以根据学生的兴趣和需求，设计多种学习材料和任务。例如，在辅助英语课堂教学的阅读小程序"灯塔阅读"中，学生可以根据自身兴趣自由选择学习内容。对科技感兴趣的学生，可以选择科技类的英语阅读材料和视频；而喜爱文学的学生，则可以选择英语小说和诗歌。通过这种个性化的教学方式，学生能够按照自己的兴趣和节奏进行学习，不仅提高了学习效果，还大大增强了学习的积极性和参与感。

（三）建构主义理论对英语课程资源建设的启示

1. 以学生为中心的设计理念

英语课程资源建设应以学生为中心，充分考虑残障生的特点和需求，设计能够激发他们学习兴趣和动机的教学内容和活动。具体可以通过以下方式实现：关注学习者体验，设计互动性强、参与度高的学习活动，让学生在体验中学习和成长；提供多样化选择，让学生根据自己的兴趣和需求选择和学习；鼓励自主学习，设计一些自主学习的任务和项目，培养学生的自主学习能力和习惯。

2. 注重互动与合作的教学策略

残障生在英语学习中可能面临沟通和互动的困难，因此，教材中应设计更多的互动与合作活动，帮助他们在互动中学习和应用语言，增强学习效果。具体策略：设置合作任务，通过小组合作、角色扮演等形式，促进学生之间的互动和协作；利用技术工具，借助在线交流平台、虚拟现实等技术手段，提供更多互动和合作的机会；营造支持性环境，在课堂和课外活动中，营造积极支持的学习环境，鼓励学生互相帮助和支持。

3. 强调实际应用的教学内容

建构主义理论强调学习的实际应用性，课程资源中应注重设计实际生活中的情境和任务，帮助学生将所学知识应用于实际生活，提高语言学习的实用性和有效性。具体实现方式：结合实际生活，设计与日常生活、学习和工作密切相关的情境和任务，让学生在实践中应用和巩固所学知识；提供真实案例，通过真实案例和实例分析，帮助学生理解和应用语言知识。

总之，建构主义理论在高等特殊教育英语课程资源建设中具有重要的指导意义。通过强调以学生为中心、注重互动与合作、强调实际应用和提供多样化的学习资源，建构主义理论可以有效提升残障大学生的英语学习效果。未来的课程资源建设应继续深入探索和应用建构主义理论，不断创新和改进教学方法和内容，为残障大学生提供更加优质的英语学习资源。

二、多元智能理论

（一）多元智能理论的起源与发展

多元智能理论由美国哈佛大学心理学教授霍华德·加德纳（Howard Gardner）于 1983 年在其著作《智力的结构：多元智能理论》中首次提出。

加德纳认为，传统的智力测量方式，如IQ测试，过于狭隘，无法全面反映人类智力的多样性和复杂性。根据他的研究，人类的智力不仅仅局限于语言和逻辑两种能力，还包括音乐、空间、身体运动、人际关系、内省、自然观察和存在等多种智能。每一种智能都代表着人类不同的思维和处理信息的方式。

加德纳的多元智能理论源自对脑损伤患者的研究，他发现一些患者在某些智力测验中表现不佳，但在其他领域仍能展现出卓越的能力。例如，音乐智能强的人，即使在其他方面受到限制时，仍能表现出对音乐的敏锐感知和创造力。这一发现促使加德纳重新思考智力的定义，并提出了多元智能理论。

随着时间的推移，多元智能理论在教育领域得到了广泛的认可和应用。教育工作者开始认识到，学生拥有不同的智力类型，因此教学方法需要多样化，以适应学生的个体差异。这一理论的提出，不仅挑战了传统教育观念，也为教育改革提供了新的思路。多元智能理论强调每个学生都有其独特的智力组合，教育的目标应是帮助每个学生发挥其潜力，发展其独特的才能。

（二）多元智能理论在英语课程资源建设中的应用

1. 针对听障生的英语课程资源设计

在英语课程资源建设中，多元智能理论的应用能够显著丰富教学内容和形式，以满足不同学生的学习需求。首先，针对听障生，课程资源的设计应结合视觉和手语等感官输入方式。例如，开发带字幕的视频和手语翻译的教材，确保听障生能够通过视觉和手语获取信息。其次，实时字幕生成技术如CART系统的应用，对于课堂和在线教学的无障碍化至关重要。另外，利用空间智能和自然观察智能，可以通过实地考察、模拟环境等方式，让学生在真实情境中学习和应用英语。

2. 针对视障生的资源设计

对于视障生，课程资源设计应结合触觉和听觉等感官输入方式。例如，制作盲文教材和音频材料，结合触觉图书和模型，帮助他们通过触觉和听觉理解复杂概念。在线学习平台须兼容屏幕阅读器，并提供语音导航和操作提示，为所有视频和图像内容添加音频描述。这些方法可以帮助视障生有效获取信息并参与学习过程。另外，可以使用音乐智能和身体运动智能来强化视障生语言学习，帮助学生在轻松愉快的氛围中掌握英语。例如，教师可以利用节奏和旋律教学生记忆单词和短语，或者通过角色扮演和模拟对话，增强学生的表达能力和实际应用能力。

通过多元智能理论的指导，英语课程资源不仅能够更好地适应不同学生的学习特点，还能激发他们的学习兴趣和主动性。

（三）多元智能理论对英语课程资源建设的启示

1. 多样性和个性化

多元智能理论为英语课程资源建设提供了重要的启发。课程资源应注重多样性和个性化，针对不同智能类型的学生设计相应的学习内容和方法。例如，为语言智能强的学生提供更多阅读和写作材料，为身体运动智能强的学生设计更多互动和实践活动。这样的个性化资源可以确保每个学生都能在自己的优势领域中充分发挥潜力，增强学习的信心和效果。

2. 无障碍教学辅助技术

课程资源应充分利用无障碍教学辅助技术，创造丰富的学习环境和体验。利用视频、音频、虚拟现实等技术手段，增强教学内容的生动性和吸引力，提供多感官的学习体验。例如，通过互动白板和多媒体软件，教师可以设计互动式的课堂活动，增强学生的参与感和互动性。

3. 反馈机制和跨学科合作

教师在资源建设过程中，应通过定期的调查和评估了解学生在学习过程中的困难和需求，根据反馈进行资源（如课程内容和教学方法）的改进和调

整，确保每个学生都能得到最适合自己的学习资源和支持。跨学科合作也是资源建设中的一个重要策略，组建由特殊教育教师、技术人员、英语教师组成的团队，共同开发和优化课程资源，建立资源共享平台，促进机构间的合作和交流，分享最佳实践经验。这样不仅能提高资源的适应性和有效性，还能推动教育资源的整体发展和进步。

多元智能理论为英语课程资源的开发和建设提供了新的视角和方法，通过强调多样性、个性化和跨学科合作，不仅提升了教学效果，还促进了学生的全面发展和综合素质的提高。通过不断探索和应用多元智能理论，英语课程资源建设能够更加科学和高效地服务于残障学生的教育需求，帮助他们更好地适应学习和生活的挑战，实现个人和社会的共同发展。

三、信息加工理论

（一）信息加工理论的基本概念

信息加工理论是一种认知心理学理论，旨在解释人类如何感知、编码、储存、提取和利用信息。该理论将人类思维过程比作计算机的信息处理过程，认为信息从外部环境进入感官，通过感觉记忆进入短时记忆，经过加工处理后存入长时记忆，并在需要时提取和应用。信息加工的关键过程包括注意、感知、编码、储存、提取和反馈。注意是选择性地集中在特定信息上，过滤掉无关信息；感知是对感官输入进行解释和理解；编码是将感知到的信息转换成适合储存的形式；储存是将编码的信息存储在短时记忆或长时记忆中；提取是从记忆中检索已储存的信息；反馈是通过反馈机制修正和优化信息的处理过程。信息加工理论强调信息处理的连续性和动态性，认为个体在接收、处理和利用信息时，不断进行反馈和调整，从而优化信息的存储和提取效率。

（二）信息加工理论对听障英语课程资源建设的启示

信息加工理论对听障大学生的英语课程资源建设提供了重要启示。注意力的选择性集中对听障生尤为重要。课程资源应设计为视觉导向，利用带有字幕的视频和手语翻译，确保学生能集中注意力获取关键信息。此外，使用高对比度的文字和图像有助于增强视觉效果，减少不必要的信息干扰，使学生能够更专注于学习内容。在信息感知阶段，对于听障生，视觉和手语是主要的信息获取渠道，因此资源设计应注重清晰度和可读性，确保信息传达的准确性。

在信息的编码和储存阶段，提供多种视觉辅助工具，如表格、示意图和字幕，可以帮助学生将信息转换为易于记忆的形式。利用电子教材和互动白板等技术手段，可以增强学生对信息的理解和记忆。此外，课堂上使用实时字幕生成技术（如 CART 系统），能够实时将语音信息转化为文字，帮助学生更好地跟上教学进度。对于储存信息，教师可以设计复习材料和练习题，帮助学生在短时记忆和长时记忆之间建立连接，增强信息记忆的持久性。

提取和反馈过程同样至关重要。教师应建立有效的反馈机制，及时了解学生的学习进度和困难。通过互动式学习平台，学生可以随时提出问题并获得即时反馈。教师应定期与学生沟通，收集他们对课程内容和教学方法的反馈，并根据反馈进行调整和优化，确保教学效果的持续提升。

（三）信息加工理论对视障英语课程资源建设的启示

对于视障大学生，信息加工过程中的感知和编码尤为关键。课程资源应注重多感官输入，通过音频材料、触觉教材和描述性语言来强化感知过程。利用盲文和语音识别技术，将视觉信息转化为听觉和触觉信息，帮助视障生有效编码和储存学习内容。在感知阶段，音频教材和语音描述对于视障生至关重要，教师应确保所有的学习材料都能通过听觉和触觉获取，例如，使用触觉图书和模型来帮助学生理解复杂概念。

在编码和储存过程中，可以提供结构清晰、内容详细的音频材料帮助视障生将信息转化为记忆内容。教师可以通过有节奏的讲解和重复来帮助学生记忆关键点。利用电子书阅读器和盲文显示器，学生可以更方便地浏览和复

习学习材料。在线学习平台应确保视障生能够独立使用语音导航，并提供及时的操作提示和语音反馈，帮助他们在短时记忆和长时记忆之间建立连接。

在提取和反馈阶段，教师应设计便于操作的评估工具，如语音答题系统，帮助学生检索和应用已学信息。建立定期的反馈机制，教师可以通过音频会议、电话或其他语音沟通方式，了解学生的学习进度和遇到的困难，及时调整教学策略，优化教学资源。利用语音识别和合成软件，视障生可以轻松记录课堂内容和个人笔记，便于课后复习和自我评估。

总之，信息加工理论为听障大学生和视障大学生英语课程资源建设提供了宝贵的指导，通过强调注意、感知、编码、储存、提取和反馈等关键过程，有助于设计出更适合他们的学习资源和方法。针对听障生，课程应注重视觉导向，提供多种视觉辅助工具和实时字幕技术；而针对视障生，课程应强调多感官输入，利用音频材料和触觉教材。建立有效的反馈机制，及时了解学生的学习需求和进展，动态调整教学策略，是提升教学效果的关键。通过这些方法，英语课程资源能够更好地服务于听障生和视障生，帮助他们克服学习障碍，提升学习效果和综合素质。

四、输入假设理论

（一）输入假设理论的基本概念

输入假设理论（Input Hypothesis）是由知名语言学家斯蒂芬·克拉申（Stephen Krashen）提出的。该理论认为，语言学习者通过理解略高于其现有能力的语言输入（“i+1”）来习得语言。这个假设基于几个核心观念：首先，语言输入必须是可理解的（Comprehensible Input），即学习者能通过上下文或已有知识理解输入内容。克拉申认为，通过接触稍高于当前水平的语言输入，学习者可以逐步内化新的语言结构和词汇。其次，自然顺序假设（Natural Order Hypothesis）指出，语言习得的顺序是自然发生且相对一致的，无论学习者的母语是什么，他们在学习目标语言时会遵循类似的习得顺序。此外，监控假设（Monitor Hypothesis）区分了语言习得和语言学习，前者是潜意识的，通过大量的可理解输入实现，而后者是显意识的，通过显性语法规则和练习实现，且学习到的语法规则只在特定情况下起到监控作用。情感过滤假设（Affective Filter Hypothesis）则强调学习者的情感状态（如动机、自信和焦虑）会影响语言输入的吸收和处理，积极的情感状态有助于语言习得，而负面情感状态则会阻碍语言输入的效果。最后，输入—输出假设（Input-Output Hypothesis）强调理解性输入的重要性，认为语言输出（说和写）主要是为了检验学习者对语言的理解。这些假设共同构成了克拉申的语言习得理论框架，强调语言学习应以理解性输入为核心，在自然、无压力的环境中促进语言习得。

（二）输入假设理论对听障英语课程资源建设的启示

首先，听障生无法依赖听觉输入，因此课程资源必须充分利用视觉和其他感官输入来提供可理解的语言材料。书面文字是基础，课程材料应提供结构清晰、层次分明的文本，帮助学生通过阅读获取语言输入。这些材料应包括简化的阅读内容和适应不同语言水平的文本，以确保每个学生都能接触到“i+1”的输入。通过逐步增加难度的文本，学生可以在理解的基础上不断进步，内化新的语言结构和词汇。教师可以设计一系列从简到繁的阅读材料，从简短的介绍和描述性文章，到更复杂的叙述和议论文，帮助学生逐步提升阅读和理解能力。在初级阶段，教材可以提供带有图片的单词卡片和简单的句子描述，如“这是一个苹果”（This is an apple），并配以苹果的图片。随着学习进程，材料可以逐步复杂化，例如，介绍关于苹果的短文，讨论其营养价值和历史背景。针对中级学习者，可以提供简短的故事或新闻报道，并配以相关的图片和简单的词汇解释。通过逐步增加文本的难度，学生能够在理解的基础上不断进步，内化新的语言结构和词汇。

其次，手语作为听障生的主要沟通方式，应在英语教学中得到充分利

用。课程资源可以包含手语视频和手语翻译的文本材料，帮助学生通过手语理解和学习英语。这不仅能提供有效的输入，还能帮助学生将英语和他们熟悉的手语联系起来，促进语言习得。例如，提供带有手语翻译的英语故事视频，让学生在观看的过程中理解英语和手语。如《小红帽》(*Little Red Riding Hood*)，在视频中可以展示小红帽与狼的对话，并配有手语翻译，帮助学生理解故事情节和语言表达。利用手语视频讲解复杂的语法概念，如时态变化。在讲解现在进行时时，可以展示“我在写作业”（I am doing my homework）的手语翻译，并配以文字解释和手语示范。

视觉辅助工具也是关键。使用图片、表格、动画和其他视觉资源，可以直观地展示语言概念和语法结构，增强学生的理解力。通过图片配合文字描述的方式，学生可以更容易地理解和记忆单词和句型。例如，在学习家庭成员词汇时，使用家庭树（Family Tree）图展示父亲（father）、母亲（mother）、兄弟（brother）等词汇，并通过不同颜色和图标区分各个成员的关系。此外，动画和视频可以动态展示语法规则和句型结构，帮助学生更好地掌握复杂的语言现象。例如，动词“跑”（run）的动画可以展示“跑步”（running）的过程，帮助学生理解动词的时态变化。

情感因素对语言习得的影响不可忽视。根据克拉申的情感过滤假设，课程资源应设计得有趣且相关，以激发学生的学习动机。例如，选择与学生生活经验和兴趣相关的主题，可以提升他们的投入度和学习积极性。通过有趣的故事、互动性强的活动和实际应用情境，学生能够在轻松愉快的氛围中获取语言输入，有效降低学习焦虑，提高学习兴趣。设计以学生兴趣为主题的学习材料，如动物、运动或科技。对于喜欢动物的学生，可以提供关于动物的故事和视频，如《狮子王》(*The Lion King*)的手语翻译和文字解释。设计互动性强的活动，如角色扮演和游戏。学生可以分组扮演不同的职业角色，如医生与病人、警察与记者等，通过互动学习和实际应用来强化语言能力。

技术支持也是课程资源建设的重要方面。现代教育技术，如字幕、手语翻译软件、电子书和多媒体课件，可以极大地丰富输入的形式和渠道。例如，配有字幕的视频资料不仅可以帮助学生理解口语内容，还能通过视觉和文字的双重输入加深语言印象。手语翻译软件可以实时将英语文本转化为手语，帮助学生更好地理解课堂内容。电子书和多媒体课件可以提供互动式学习体验，让学生通过点击和操作参与到学习中，增强理解和记忆。

此外，教学策略也至关重要。教师应采用适应学生需求的教学策略，并灵活运用各种教学资源和技术工具。例如，根据学生的具体需求和学习进度，制订个性化的教学计划。通过互动活动和及时反馈，帮助学生理解和内化语言输入。整合多种教学资源，如书面材料、音频资源、手语视频和触觉材料，提供多样化的学习体验。

最后，社会支持和资源整合也不可忽视。学校和社会应为听障生提供充足的资源和支持，如专业的手语翻译服务、专门的学习设备和资源中心。家庭和社区也应积极参与到听障生的学习过程中，提供必要的帮助和鼓励。

（三）输入假设理论对视障英语课程资源建设的启发

视障生主要依赖听觉和触觉输入，因此课程资源应充分利用这些感官输入来提供可理解的语言材料。其中，音频材料是关键。课程内容应包括清晰、富有表现力的音频文本，如朗读、对话、故事和讲解。这些音频材料不仅需要高质量的录音，还应配有适应不同语言水平的内容，以确保每个学生都能接触到“i+1”的输入。通过逐步增加难度的音频材料，学生可以在理解的基础上不断进步，内化新的语言结构和词汇。基础水平的学生可以从简单的单词和短句音频开始，逐渐过渡到包含更复杂句子和情景对话的音频材料。此外，故事音频可以通过生动的讲述和背景音效来增强理解和记忆。讲解类音频则可以详细解释语法规则和语言现象，帮助学生更深刻地理解语言结构。基础水平的学生可以从简单的单词和短句音频开始，如“cat”（猫）、“dog”（狗），以及简单句子“This is a cat”（这是一只猫）。这些音频应配以清晰的

发音和适当的语速。中级水平的学生可以逐渐过渡到包含更复杂句子和情景对话的音频材料，听包含对话的音频，如在商店购买物品的对话“I would like to buy an apple. How much is it ?”（我想买一个苹果。多少钱？）通过这些情景对话，学生可以练习实际应用的语言技能。

触觉材料也是视障生学习的重要工具。课程资源应包括盲文书籍和触觉图表，帮助学生通过触觉理解和学习英语。这些触觉材料不仅能提供有效的输入，还能帮助学生将英语与触觉经验联系起来，促进语言习得。开发包含盲文和触觉图示的英语教材，让学生通过触摸理解和记忆单词和句型。盲文书籍可以让学生通过触摸盲文点阵了解单词的拼写和发音。例如，在学习单词“apple”时，学生可以通过触摸盲文了解其拼写，同时有触觉图表展示苹果的形状。触觉图表可以展示词汇的发音和拼写，通过触摸不同的部分，学生可以理解单词的结构和发音规律。可以用不同的质地来表示不同的语法类别，帮助学生通过触摸来区分和记忆不同的词类，如触摸光滑的表面表示名词、粗糙的表面表示动词。

克拉申的输入假设理论强调了可理解输入的重要性，这为听障和视障英语课程资源的建设提供了重要启示。多模态的输入方式、丰富的感官辅助工具，情感关注和技术支持，以及教师的有效教学策略和社会支持，可以为残障学生创造一个丰富的语言输入环境，促进他们的英语习得。

第三节　实践基础

一、技术基础

高等特殊教育英语课程资源建设的技术基础包括辅助技术与设备、数字化资源平台以及教师培训与技术支持。

（一）辅助技术与设备

在高等特殊教育英语课程资源建设中，辅助技术与设备是关键的技术基础。对于听障生，助听器和人工耳蜗等设备可以帮助他们更好地获取听觉信息。而视障生则依赖屏幕阅读器、盲文显示器和语音识别软件等技术。这些辅助设备不仅提高了学生获取信息的能力，还增强了他们的学习自主性。此外，多媒体技术的应用，如互动白板和多感官学习工具，可以为残障大学生提供更丰富的学习体验。通过这些设备，学生能够更有效地参与课堂活动，提升学习效果。因此，教育机构需要确保这些辅助技术设备的可用性和维护，为学生提供无障碍的学习环境。

（二）数字化资源平台

数字化资源平台是高等特殊教育英语课程资源建设的重要组成部分。无障碍设计的在线学习平台（如 Moodle、Blackboard 等）可以确保残障大学生方便地访问和使用数字学习资源。这些平台应具备兼容屏幕阅读器、提供字幕和手语翻译以及适应不同学习需求的功能。通过数字化平台，学生可以随时随地进行自主学习，获取丰富的学习资料。此外，电子图书馆、在线课程和多媒体资源库等数字资源的建设，可以为学生提供多样化的学习内容，满足他们个性化的学习需求。数字化平台的建立不仅提高了资源的可及性和灵活性，还促进了学习资源的共享和交流。

（三）教师培训与技术支持

教师的专业素养和技术应用能力是高等特殊教育英语课程资源建设的保障。为了有效利用辅助技术和数字化资源，教师需要接受专门的培训。特殊教育培训可以提升教师在残障大学生教学中的专业知识和技能，而技术应用培训则帮助教师掌握使用各种辅助设备和数字工具的方法。例如，教师需要

学习如何操作屏幕阅读器、设计无障碍教学内容以及利用多媒体技术增强教学效果。持续的专业发展计划和教师交流平台也至关重要，通过定期的培训和交流，教师能够不断更新自己的知识和技能，共享教学经验和资源。此外，教育机构应提供技术支持团队，确保辅助设备和数字平台的顺利运行，为教师和学生提供必要的技术帮助。

总之，这些技术基础不仅为残障大学生提供了更有效的学习工具和资源，还促进了教育的公平和包容性。通过不断完善和创新这些技术基础，可以显著提升残障大学生的学习体验和效果，推动高等特殊教育的发展。

二、教学基础

（一）个性化教学设计

高等特殊教育英语课程资源建设的教学基础首先在于个性化教学设计。个性化教学设计强调根据学生的具体需求、学习能力和兴趣设计定制化的教学内容和方法。个性化教学设计，对于听障生，应包括带有详细字幕的视频、手语翻译的课程内容和丰富的视觉材料，以增强信息的可理解性和可接收性；对于视障生，则需要提供盲文教材、有声书籍和触觉辅助材料，如盲文显示器和触觉图表，帮助他们通过其他感官途径获取信息。个性化教学设计还涉及对学习节奏和方式的灵活安排，允许学生根据自己的进度和方式进行学习，从而提高学习效率和效果。通过这种量身定制的教学设计，确保每个残障学生都能在最适合自己的学习环境中取得最佳的学习成果。

（二）互动环节设计

在高等特殊教育英语课程资源建设中，互动环节设计是教学基础的关键要素之一。互动环节设计强调通过多样化的互动形式和工具，提升残障学生的学习体验和效果，实现教学目标。首先，课堂互动是增强学生参与感和理解力的重要方式。教师可以通过提问、讨论、角色扮演和小组活动等互动形式，激发学生的学习兴趣，促进他们的语言应用能力和创新性思维发展。对于听障生，可以使用手语翻译和视觉辅助工具，如互动白板和多媒体投影，确保他们能够全面参与课堂互动；对于视障生，教师可以通过语音描述和触觉辅助工具，如盲文材料和触觉图表，帮助他们在互动中获取信息和表达观点。其次，数字互动平台在现代教育中发挥着重要作用。在线学习平台应具备无障碍设计，提供实时聊天、视频会议和讨论论坛等功能，方便残障大学生随时随地进行互动学习。通过这些平台，学生可以与教师和同学进行实时交流，分享学习资源和心得，获得及时的反馈和指导。例如，利用视频会议软件进行在线小组讨论，教师可以通过共享屏幕、即时文字聊天和语音互动，确保所有学生都能参与其中。此外，互动式课件和学习应用也能有效增强学生的学习体验。利用多媒体技术，开发带有互动元素的电子教材和课件，如包含音频、视频、动画和互动练习的多感官学习材料，可以大大提高学生的注意力和记忆力。

三、资源基础与文化基础

资源基础包括物质资源和知识资源，是课程资源建设的重要保障。物质资源包括充足的硬件设备如计算机、投影仪、互动白板、语音实验室等，以及稳定的互联网连接和服务器资源，确保课程资源的顺利开发和使用。知识资源包括丰富的教材、学术论文、数据库、在线资源库等，教师和开发者可以从中获取最新的研究成果和教学素材，确保课程内容的科学性和前沿性。

文化基础指的是课程资源建设中对文化多样性和文化敏感性的关注。包括跨文化意识和本土文化。在全球化背景下，课程资源应体现多元文化，帮助学生了解和尊重不同文化背景的语言和习俗，增强他们的跨文化交际能力。

课程资源应融入本土文化元素，帮助学生在学习英语的同时，增强对本土文化的理解和表达能力，促进文化自信和文化传播。

四、团队基础

创建高等特殊教育英语课程资源建设团队指的是组建一个由特殊教育专家、英语教师、技术人员等组成的跨学科团队。特殊教育专家负责提供关于残障大学生需求和教育策略的专业指导，确保课程资源能够满足这些学生的特殊需求。英语教师则负责课程内容的设计和教学方法的选择，确保语言学习目标得以实现。技术人员负责开发和维护无障碍的数字学习平台和辅助技术，如屏幕阅读器、手语翻译软件和互动白板等，确保提供高效稳定的技术支持。应明确每个成员的职责和任务，确保团队内部协作高效有序。

在确定团队成员和明确分工之后，建立系统的项目流程和协作机制至关重要。一是团队成员对学生进行详细的需求分析，收集并评估学生的个体需求、学习障碍和期望。二是资源设计与开发阶段，团队成员根据分析结果设计个性化教学资源，包括教材、课件、互动学习工具等。三是定期召开项目会议，确保所有成员同步了解项目进展，及时讨论和解决问题，确保项目顺利推进并达到预期目标。

第三章　教材建设

第一节 教材建设原则

一、以人为本原则

残障大学生英语教材有别于普通大学生的英语教材，残障学生的教材应更多注重学生的生理发展特点，进行缺陷补偿，以学生为本。对听障生，在编写教材时应多加入彩色图片、看图理解，图文结合，充分利用学生较强的形象思维，充分发挥学生视觉感官的补偿功能，通过观察、想象进行自主学习与思考，在潜移默化中提高语言表达能力和理解能力，从而增强特殊教育的针对性和有效性；对于视障生，教材中则要注重盲文和音频的使用。另外，教材内容应尽量贴近生活，如结合生活中的英语标识、所学专业加入一些专业词汇，让学生体会到学习英语的实用性。

以人为本原则是指教材编写应以学生为中心，尊重和关注学生的需求、兴趣和个体差异，确保每个学生都能在学习过程中获得支持和发展。具体体现在以下三个方面。

（一）学生需求导向

听障大学生的英语学习需求具有特殊性。教材建设应充分了解和分析学生的需求，包括语言基础、学习目标、兴趣爱好等，以此为基础设计教学内容和活动。例如，对于英语基础较差的学生，教材应提供基础词汇和语法的详细解释与练习；对于有特殊兴趣的学生，教材可以结合其兴趣设计相关主题的学习内容。

（二）个性化教学

听障生在学习能力和方式上存在显著差异，个性化教学能够帮助每个学生发挥其最大潜力。教材应设计多层次、多样化的学习材料和任务，满足不同学生的学习需求。例如，提供不同难度的阅读材料和练习，让学生根据自己的水平选择合适的学习内容；设计多种形式的学习活动，如小组讨论、角色扮演等，满足不同学生的学习风格。

（三）积极的情感体验

积极的情感体验有助于提高学生的学习动机和参与度。教材应通过有趣的内容和活动激发学生的学习兴趣，营造积极的学习氛围。例如，设计富有趣味性和挑战性的任务，如语言游戏、竞赛等，增强学生的参与感和成就感；通过正面反馈和鼓励，帮助学生建立自信，克服学习中的困难。

二、视觉补偿原则

由于听障生在听觉上存在限制，视觉信息成为其主要的学习资源。视觉补偿原则要求教材建设应充分利用视觉资源，帮助学生更好地接收和理解信息。

（一）丰富的视觉材料

教材应提供丰富的视觉材料，包括图片、表格、视频等，帮助学生理解和记忆语言内容。例如，在教授新单词时，配以图片和视频展示单词的具体形象，帮助学生将词汇与实际物体联系起来，增强记忆效果；在讲解语法规则时，使用表格和流程图，帮助学生厘清逻辑关系。

（二）手语与文字结合

手语是听障生重要的交流工具，教材或课件应将手语与文字结合，帮助学生更好地理解和应用语言。例如，在课文和对话中，加入手语解释和视频演示，帮助学生通过视觉和动作掌握语言；在词汇表和语法说明中，提供手语视频或图片，增强学生的理解和记忆。

（三）色彩与布局设计

合理的色彩与布局设计可以提升视觉效果，增强学生的学习体验。教材应注意色彩搭配和排版设计，确保信息的清晰和可读性。例如，使用对比明显的颜色区分不同类型的信息，如词汇、语法、例句等，帮助学生快速识别和理解；合理布局教材内容，避免信息过于密集，减轻学生的视觉负担。

三、循序渐进原则

循序渐进原则强调教材内容应按照由浅入深、由易到难的顺序安排，帮助学生逐步掌握知识和技能。这一原则在教材建设中主要体现在以下三个方面。

（一）基础知识夯实

教材应先夯实学生的基础知识，包括基础词汇、语法和句型等。在此基础上，逐步引入更复杂的内容。例如，先讲解常用的日常用语和基本语法规则，然后逐步引入高级词汇和复杂句型，确保学生在学习新知识时有坚实的基础。

（二）学习进度控制

教材建设应合理掌控学习进度，避免学生在短时间内接受过多新知识，导致认知负荷过重。例如，将学习内容分为若干单元，每个单元设置明确的学习目标和学习任务，通过阶段性测试和复习巩固学生的学习效果；在每个单元中，按照知识点的难度和逻辑关系进行安排，确保学生能够逐步掌握。

（三）复习与巩固

复习与巩固是确保知识内化的重要环节。教材应在各单元和章节设置复习和巩固环节，通过多种形式的练习和测试帮助学生巩固所学知识。例如，在每个单元结束时，设计综合练习和测试，帮助学生定期进行复习，回顾前面学过的内容，检验和巩固所学知识，防止遗忘。

四、文化敏感性原则

教材建设中的文化敏感性原则是指在编写和设计教育教材时，应充分考虑和尊重不同文化背景、价值观和习俗，避免引起文化偏见、刻板印象或歧视，从而促进多元文化的理解。文化敏感性原则在教材建设中具有重要的意义，具体体现在以下六个方面。

（一）多样性与包容性

文化敏感性要求教材内容反映社会文化的多样性和包容性。教材应展示不同文化的独特性和相互联系，帮助学生理解和尊重不同文化，从而培养他们的全球视野和多元文化意识。

（二）避免刻板印象和偏见

文化敏感性还体现在避免传播刻板印象和文化偏见。刻板印象是对某一群体或文化的过度简化和概括，往往带有负面评价和误解。教材应避免使用可能引起歧视或冒犯的语言和图片，应多角度、多维度地呈现文化，避免单一化和片面性。例如，在描述某一文化时，不应仅展示其传统和习俗，还应展示其现代发展和多样化文化。

（三）准确性和权威性

文化敏感性还要求教材内容具有准确性和权威性。教材中的文化信息应基于事实和权威资料，避免传播错误信息或误导学生。教材的编写者应参考多方资料，确保文化内容的真实性和全面性。例如，在介绍某一历史事件或文化现象时，应综合不同学术观点和研究成果，提供客观、公正的描述。

（四）文化对比与理解

文化敏感性强调通过对比分析不同文化的异同，帮助学生理解文化差异，培养跨文化理解能力。教材应通过展示文化的相似点和不同点，促进学生对其他文化的尊重和宽容。例如，通过比较中西方节日的庆祝方式，学生可以了解到不同文化背景下的价值观和生活方式，从而增进对其他文化的理解和欣赏。

（五）提高跨文化交际能力

文化敏感性还体现在培养学生的跨文化交际能力，使他们能够在不同文化背景下有效沟通和互动。教材应设计一些跨文化交际的情景和任务，帮助学生锻炼并提高跨文化交际的能力。

（六）反思与自觉

文化敏感性还体现在引导学生反思自身文化，增强文化自觉。通过反思自身文化，学生可以更加全面、客观地看待自己的文化背景，有助于增强学生的文化自信，促进他们在跨文化交流中保持开放和尊重的态度。

教材建设不仅要避免偏见，更要弘扬文化的多样性与包容性，确保内容准确、权威。通过多维度展示和对比分析，培养学生跨文化理解与交际的能力，使英语教育不仅提升文化自觉，更要塑造尊重多元文化的全球视野，构建沟通与共融的桥梁。

第二节 教材建设实践

在建设英语教材的过程中，教师队伍建设与资源整合是至关重要的环节。只有构建一支专业、高效的建设团队，并充分整合各类教学资源，才能确保教材的高质量和高适用性。下面以《听障大学生英语》为例，系统介绍高等特殊教育英语教材建设的过程、设计、内容以及样章分析。

一、教材建设过程

（一）资源整合

在编写教材的过程中，充分收集和筛选优质的教学资源是确保教材内容丰富性和科学性的关键。

1. 国内外教材

参考国内外已有的优秀教材，借鉴其内容和编写方法，结合听障生的实际需求，进行适当的调整和改编。例如，可以参考国内外知名高校和特殊教育机构编写的英语教材，根据听障生的学习特点和需求，调整内容结构和教学方法，提高教材的适用性和科学性。

2. 学术研究成果

收集最新的学术研究成果，特别是关于听障教育和英语教学的研究，为教材内容提供理论支持和实践指导。例如，收集国内外教育研究机构和学术期刊发布的最新研究成果，了解当前听障教育和英语教学的最新进展和发展趋势，将其应用到教材编写中，提高教材的科学性和前瞻性。

3. 多媒体资源

整合多媒体资源，如视频、音频、图片等，丰富教材的表现形式，增强教学的直观性和趣味性。例如，可以收集和制作与教材内容相关的英语学习视频、听力训练音频、语法讲解动画等，通过多媒体资源的应用，提高学生的学习兴趣和效果。

4. 校本资源

整合校本资源，如学校的课程设置、教学计划、教学设备等，为教材编写提供实践支持。例如，根据特教类院校的课程设置和教学计划，合理安排教材内容和教学进度，确保教材与学校的教学计划相一致，提高教材的实用性和适用性。

（二）教材开发

资源整合后，教材编写团队成员按照编写原则和要求，完成自己所负责的部分。为了确保教材编写团队的专业素养和编写能力，定期开展专业培训和学习交流活动至关重要。学习交流活动主要包括教材编写团队内部的研讨和学术交流，团队成员分享编写过程中的经验和问题，共同探讨解决方案。例如，教材编写团队每月召开一次视频会议，交流编写进度和遇到的问题，分享编写经验和心得；邀请国内外知名的特教领域的专家、学者就《听障大学生英语》教材研发开展专题讲座和研讨，介绍最新的教育研究成果和教学方法，提高教材编写团队的学术水平和编写能力。

残障大学生英语课程资源开发利用流程如图 3-1 所示。

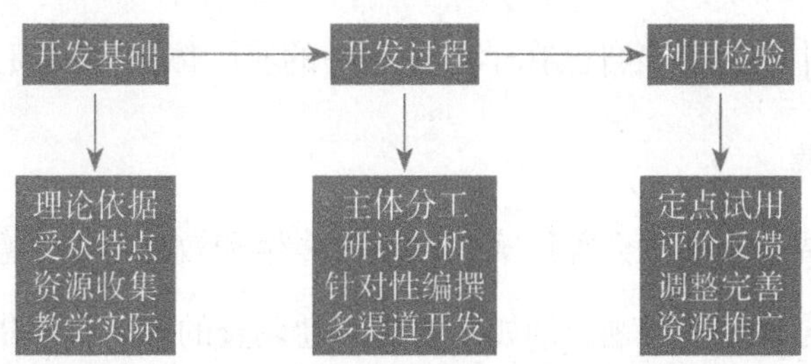

图 3-1　残障大学生英语课程资源开发利用流程

（三）信息技术的应用

在现代教育中，信息技术的应用能够极大地提升教学效果。在听障大学生英语教材的编写中，教材编写团队利用信息技术，为学生提供了更加多样化和个性化的学习资源。

1. 教材数字化

将教材内容数字化，制作 PPT、手语视频课件等，为学生提供便捷的学习途径和丰富的学习资源。

2. 辅助教学工具

开发和使用适合听障生的辅助教学工具，如字幕软件、手语视频、交互式学习平台等，帮助学生更好地理解和掌握教材内容。例如，教材编写团队制作了配套的手语视频，为听障生提供手语讲解和示范；尝试使用适合听障生的在线学习平台，提供在线学习、练习、测试等功能，帮助学生进行自主学习和互动学习。

（四）试用与反馈机制

在教材编写过程中，建立完善的试用与反馈机制，能够及时发现和解决教材中的问题，确保教材成品的质量和适用性。

1. 教材试用阶段

在教材编写完成后，选择部分听障生进行试用，让他们给出使用体验和反馈意见。例如，选择计算机专业一、二年级不同水平的听障生各 20 人，进行教材试用，让他们给出自己在学习过程中的实际体验和反馈意见。

2. 反馈收集

通过问卷调查、座谈会等形式，收集听障生和教师的反馈意见，了解教材在实际应用中的效果和问题。例如，通过问卷调查的形式，收集学生和教师对教材内容、教学方法、学习效果等方面的意见和建议；通过座谈会的形式，进行面对面的交流和讨论，了解学生和教师在使用教材过程中的实际体验和问题。

3. 调整与优化

根据收集的反馈意见，对教材内容和编写方法进行调整和优化，确保教材更加符合听障生的学习需求和实际情况，提高教材成品的适用性、实用性、科学性和有效性。

二、教材设计

教材要有合理的内容结构和科学的内容设计，这样可以帮助学生系统地学习英语知识，还能提高他们的学习兴趣和学习效果。

（一）整体结构设计

教材编写团队在设计《听障大学生英语》的整体结构时，遵循了以下几个基本原则。首先，逻辑性是核心。教材内容具有逻辑性和连贯性，确保学生能够循序渐进地学习知识。语法知识和阅读文章的呈现从简单到复杂、从基础到高级，逐步加深学习内容，使学生在理解基础知识的基础上，逐步掌握更复杂的语言技能。其次，系统性是基础。教材系统地覆盖英语学习的各个方面，包括读、写、译、小课题展示等技能，以及语法、词汇、词性转换等语言知识，使学生能够全面提高英语能力。再次，实用性是关键。教材内容贴近学生的实际生活和学习需求，教材选取了与学生学习、运动健康、就业旅行等密切相关的话题和情景，设计实际应用的练习和活动，使学生能够在实际生活中应用所学知识。最后，趣味性贯穿始终。教材设计了丰富多彩的话题引入、思维导图、猜词活动和主题辩论等小课题任务，能够激发学生的学习兴趣和动力。

（二）模块化设计

为了提高教材的灵活性和适用性，教材编写团队采用模块化设计，将教材内容分成若干独立的模块，每个模块覆盖一个特定的主题或技能，见表3-1。

表 3-1 教材模块化设计

<table>
<tr><th>单元</th><th>主题模块</th><th>技能模块</th><th>语法模块</th><th>词汇模块</th></tr>
<tr><td>1</td><td>人物</td><td rowspan="8">思维训练、
读写技能训练</td><td>英语词类</td><td rowspan="8">图片搭配词汇记忆
阅读记忆
句子翻译
词性转换等</td></tr>
<tr><td>2</td><td>自然</td><td>句子成分基本句型 1</td></tr>
<tr><td>3</td><td>文化</td><td>句子成分基本句型 2</td></tr>
<tr><td>4</td><td>健康</td><td>时态专题一</td></tr>
<tr><td>5</td><td>教育</td><td>时态专题二</td></tr>
<tr><td>6</td><td>习惯</td><td>主谓一致</td></tr>
<tr><td>7</td><td>节日</td><td>被动语态</td></tr>
<tr><td>8</td><td>就业</td><td>引语</td></tr>
</table>

续表

单元	主题模块	技能模块	语法模块	词汇模块
9	建议	思维训练、读写技能训练	情态动词	图片搭配词汇记忆 阅读记忆 句子翻译 词性转换等
10	未来		虚拟语气	
11	智慧		非谓语动词	
12	价值		复合句	

1. 主题模块

《听障大学生英语》教材设计了丰富的主题模块，每个模块围绕一个特定主题展开阅读，并延伸至相关的读、写、译技能训练。这些主题涵盖了广泛的领域。例如，人物模块选取各领域的杰出人物如科学家、艺术家、社会活动家等，通过学习他们的故事，激励学生追求卓越，让学生理解成功背后的努力与坚持；自然模块引导学生探索大自然的奥秘，通过介绍动植物、自然景观、环保措施等，培养学生对自然的热爱和保护环境的意识；文化模块通过介绍节日、饮食、艺术等内容，帮助学生了解不同国家和地区的文化习俗，培养他们的跨文化理解能力，增强文化敏感性；教育模块讨论教育的重要性以及不同教育体系、教育模式和成功教育案例，启发学生思考自身学习与发展；智慧模块通过经典文学、历史事件、传统技艺等内容，帮助学生从历史和传统中汲取智慧和精神力量，提高对人类文明的认知；价值模块通过案例分析和讨论，探讨诚信、勇气、责任等核心价值观，帮助学生树立正确的道德观念，引导学生在日常生活中践行这些价值观。每个主题模块不仅提供丰富的阅读材料，还通过各种活动和练习，帮助学生深入理解主题，提升语言综合运用能力。

2. 技能模块

每个单元设置了统一的技能模块，专注于某一特定语言技能的训练。技能模块紧密围绕主题展开，使学生能够从多角度进行思维训练。思维训练模块鼓励学生从背景知识、生词、优美句子、个人感悟等多个角度进行深度思考和讨论，培养创新思维和表达能力。通过开放式问题、小组讨论、角色扮演等方式，激发学生的思维活力。读写技能训练模块通过主题相关的写作练习和翻译任务，如短文写作、摘要撰写、翻译实践等，增强学生的读写能力和翻译技巧，全面提升学生的语言技能。

3. 语法模块

语法模块提供系统的语法讲解、例句展示及相应的语法训练。例如，时态部分详细讲解各种时态的用法，提供例句并安排针对性的练习，帮助学生系统地掌握和运用时态。通过多样化的练习形式，如填空、改错、作文等，确保学生能够灵活运用各类时态。句子结构部分包括从简单句到复杂句的逐步讲解和练习，帮助学生掌握句子成分和结构变化，提升学生的句子构建能力，提高语言表达的准确性和复杂性。这些语法模块旨在帮助学生夯实语言基础，提高语法运用的准确性和熟练度。

4. 词汇模块

每个单元的词汇模块紧密结合阅读文章的内容，讲解并练习相关词汇。模块设计了多种记忆和练习方法：图片搭配词汇记忆通过视觉辅助，帮助学生形象地记住单词，利用图片与单词的关联，加深对词汇的记忆；阅读记忆结合文章加深对词汇的理解和记忆，通过上下文语境的反复出现，增强词汇记忆的效果；句子翻译，学生在翻译过程中能够更好地理解和运用词汇，增强词汇的实际运用能力；词性转换包括名词、动词、形容词等词性的转换练习，帮助学生全面掌握词汇的多种用法，提升学生对词汇的灵活运用能力。词汇模块不仅帮助学生积累常用词汇，还提升他们的词汇运用能力，为实际语言交流打下坚实基础。

通过设置主题模块、技能模块、语法模块和词汇模块，《听障大学生英语》不仅注重语言知识的传授，更强调实际运用能力的培养。该教材内容丰富、结构合理，能够全面提升学生的英语能力，尤其是听障生在英语学习中的实际应用水平。该教材真正作到了寓教于乐、学以致用，为学生的全面发展和未来的语言学习奠定了坚实的基础。这种综合性的设计不仅提高了学生的学习兴趣，还确保他们能够在实际生活和学术环境中自信地运用英语。

（三）章节安排

1. 章节内容

教材编写团队在设计教材章节内容时，注重内容的丰富性和实用性，确保学生能够全面掌握语言知识和技能。每个单元都包括必要的语言知识，如词汇、语法和词性转换，帮助学生打牢语言基础。同时，每个单元还设计了语言技能训练，如阅读、写作和句子翻译，以提高学生的语言应用能力。每个单元的阅读部分不仅涵盖了阅读材料的中英文理解，还包括问答题、单项选择和翻译练习；写作部分则注重写作任务的完成和修改，帮助学生全面提升语言技能。此外，大多数单元结合了英语和汉语的文化知识，帮助学生了解英语国家的文化背景和习俗，以及中华传统文化的英文表达。例如，第七单元介绍了西方主要节日圣诞节的由来以及中国传统节日春节的习俗用英文如何表达；第十一单元涉及中华文化智慧表达形式之一的古谚语，学生不仅可以学习古人的智慧，还能掌握“塞翁失马”“吃一堑长一智”“爱屋及乌”等谚语的英文表达。每个单元都结合实际生活和学习的应用场景，设计了实用的练习和任务，帮助学生将所学知识应用到实际中。例如，每个单元都设计了单元小课题，学生通过资料查阅、小组讨论、绘制思维导图或制作 PPT 进行展示，小课题应用场景包括旅游城市选择、宠物饲养经验介绍、大学图书馆介绍、网络沉迷现象调研等。这些设计确保学生能够在真实情境中灵活运用所学知识，提升综合素质。各个单元小课题的安排见表 3–2。

表 3–2　各个单元小课题安排

单元	小课题
1	a short presentation to introduce traditional Chinese medicine
2	a short presentation to introduce “ Pets and Human Beings”

续表

单元	小课题
3	a short presentation to introduce the most attractive place in your eyes
4	a debate on the southern and northern living habits
5	a short presentation to introduce your college library
6	a short presentation on "How to avoid internet addiction"
7	a short presentation to introduce one of the traditional Chinese festivals
8	a short presentation to introduce your participation in volunteering work
9	a short presentation to introduce some knowledge about first aid in your daily life
10	a short presentation to introduce one of the greatest inventions in the world
11	a short presentation to introduce proverbs, sayings or stories that impress you most or inspire you a lot in your life
12	a short presentation to make a interview on "Your favorite Chinese brand（s）"

2. 活动设计

在设计教材章节活动时，教材编写团队注重活动的多样性和互动性，确保学生能够积极参与和有效学习。阅读活动是《听障大学生英语》的重点，每个单元包含两篇阅读文章，设计了多样化的阅读活动，如阅读理解练习、阅读填空练习和阅读选择练习，帮助学生提高阅读理解能力。此外，《听障大学生英语》的每个单元都设计了应用文写作活动，旨在帮助学生提高书面表达能力。每个单元的写作任务包括撰写信件、报告、简历等实际应用文，确保学生在真实情境中练习和应用写作技巧，从而全面提升其语言能力和实际应用水平。通过这些丰富多样的活动，学生能够在参与和互动中不断提升自己的英语能力。各个单元的写作任务见表 3–3。

表 3–3　各个单元的写作任务

单元	写作任务
1	假如你是李明，得知美国好友 Lydia 已成功申请了耶鲁大学（Yale University）。请你用英文给她写封电子邮件表示祝贺。内容要点如下： （1）对她成功的祝贺； （2）对她努力的肯定； （3）对她未来的祝愿。 注意：词汇量为 100 个单词左右；可以适当增加细节，使行文连贯

续表

单元	写作任务
2	假如你是李明，你校摄影俱乐部（Photography Club）将举办国际大学生“人与自然”摄影展。请给你的英国朋友 Peter 写封邮件，请他提供作品。内容要点如下： （1）主题：环境保护； （2）展览时间：10 月 12 日至 11 月 30 日； （3）投稿邮箱：photoshow@gmschool.com。 注意：词汇量为 100 个单词左右；可以适当增加细节，使行文连贯
3	假如你是校学生会主席李明，本周将组织美国交换生参观中国美术馆（National Art Museum of China）。请你写一份活动通知。内容要点如下： （1）集合时间和地点：周六早上 8：30，学校门口； （2）交通方式：校车； （3）活动内容：了解中国画家，欣赏著名画作。 注意：词汇量为 100 个单词左右；可以适当增加细节，使行文连贯
4	假如你是班长李明，你们班同学计划周六去爬香山。请给外教 Chris 写一封英文信，邀请他参加此次活动。内容要点如下： （1）集合时间：8：00am； （2）集合地点：校门口； （3）交通工具：公交车； （4）携带物品：雨具，午餐，登山杖等。 注意：词汇量为 100 个单词左右；可以适当增加细节，使行文连贯个单词
5	假如你是李明，由于你表兄的公司需要手语翻译，请你周三下午去帮忙，你因此要向周三下午英语阅读课的老师 Ms. Riddle 请假，缺席阅读课一次。内容要点如下： （1）请假事由； （2）请假时长； （3）如何弥补。 注意：词汇量为 100 个单词左右；可以适当增加细节，使行文连贯
6	假如你是辛西娅，在一家商店购得劣质商品，遂与营业员交涉。但营业员态度粗暴，不予受理。你为此向该商店的经理写一封投诉信。内容要点如下： （1）商品的问题； （2）营业员的态度问题； （3）你的诉求。 注意：词汇量为 100 个单词左右；可以适当增加细节，使行文连贯

续表

单元	写作任务
7	假如你是李明，你的英国朋友 Jack 要来你家共度除夕，你打算当天下午去地铁站接他。请你用英文写一条短信，告知他相关信息。内容要点如下： （1）你们全家都欢迎他； （2）接他的时间和地点：2 月 18 日下午 4：00，地铁四号线中关村站西北口； （3）晚上的主要安排：看春晚、包饺子、放鞭炮。 注意：词汇量为 100 个单词左右；可以适当增加细节，使行文连贯
8	假如你是大二学生李明，你校校园网需要招收英文网络编辑（Web Editor）。请你用英语向外籍主编 Chris 申请这一职位。内容要点如下： （1）你关心时事，对新闻工作感兴趣； （2）你有做校刊记者的工作经历； （3）你擅长英语，曾获校英语写作大赛一等奖。 注意：词汇量为 100 个单词左右；可以适当增加细节，使行文连贯
9	学校将举办英语写作比赛。请你根据所给提示，以“My Travel Plan to...”为题，写一篇参赛短文，分享你的旅行计划。内容要点如下： （1）Where should you go? （2）What about your arrangement and budget? （3）What will you acquire from the travel? 注意：词汇量为 100 个单词左右；可以适当增加细节，使行文连贯
10	学校将举办英语写作比赛。请你根据所给提示，以“My Life in 20 Years”为题，写一篇参赛短文，分享你对未来的憧憬。内容要点如下： （1）What would you do for your family? （2）How would you be with your friends? （3）How should you do with your job? 注意：词汇量为 100 个单词左右；可以适当增加细节，使行文连贯
11	“Planning is good, but doing is better.”是一句英国名言。请你以此为题目用英语写一篇短文。内容要点如下： （1）简述你对这句名言的理解； （2）用一个具体事例加以说明； （3）给出恰当的结尾。 注意：词汇量为 100 个单词左右；可以适当增加细节，使行文连贯

续表

单元	写作任务
12	假设你是大二学生李明，你家乡的烟台苹果负有盛名。你为家乡的苹果写了一篇英文宣传稿，想请外籍教师 Dan 帮助润色。请你用英语给 Dan 写一封求助信。内容要点如下： （1）求助原因； （2）求助具体内容； （3）表达感激。 注意：词汇量为 100 个单词左右；可以适当增加细节，使行文连贯

教材结构与内容设计是《听障大学生英语》编写中至关重要的环节。合理的教材结构和科学的内容设计，不仅能够帮助学生系统地学习英语知识，还能提高他们的学习兴趣和学习效果。通过遵循逻辑性、系统性、实用性和趣味性等原则，采用模块化设计和层次安排，结合实际生活和学习的应用场景，设计多样化的阅读、写作等活动，采用科学的方法和策略编写教材内容，能够确保教材的高质量和高适用性，为听障大学生提供更加优质和高效的英语学习资源。

三、教材内容与样章分析

（一）教材内容

《听障大学生英语》的内容更加生活化、实用化，以基础知识为本，充分考虑了听障生的缺陷补偿，在教材中注入了更多彩色精美的插图，内容体量适中、短小精悍，练习有针对性，符合听障大学生的认知规律。该教材内容考虑了学生的需求，选词、选句更加贴近听障生的生活语言特点，在设计时保持直观、形象、美感的同时增加了可读性，提高了学生的学习和阅读兴趣。该教材兼具思想性、人文性、系统性，同时充分考虑到听障生对视觉信息更敏锐、专注，善于动手、勤于思考、不惮合作的特点，遵循“补偿性”

原则，将素材个性化、视觉化呈现，注重版式设计和图文色彩分布，采取大开本、四色印刷，精心设计了图片、表格及习题，以利于学生掌握知识、感受文化、汲取力量、健全人格、全面发展。

该教材共 12 个单元，涉及人物、自然、文化、健康、教育、习惯、节日、就业、建议、未来、智慧、价值等主题，每个主题单元分为 A、B 两个篇章，素材多而不散，易于学练巩固。习题设计既注重英语语言基础与应用，又注重学习策略与跨文化交际综合能力的塑造。思维导图和单元小课题侧重于对学生观察能力、思考能力、创新思维及团队合作能力的培养。该教材的单元目录见表 3–4。

表 3–4 《听障大学生英语》单元目录

单元	篇章
Unit 1 World Pioneers	Passage A The Great Franz Schubert
	Passage B A Medical Pioneer
Unit 2 Amazing Nature	Passage A What Actually Killed the Dinosaurs
	Passage B Nature's Smartest Animals
Unit 3 Culture	Passage A The Louvre: From Castle to Museum
	Passage B History of the Elevator
Unit 4 Lifestyle	Passage A Is the Way You Live Killing You
	Passage B Running and Fitness
Unit 5 Education	Passage A Library: The Place Where My Love for Books Began
	Passage B Languages Are Missing from the Internet
Unit 6 Addiction	Passage A Are you an Internet Addict
	Passage B Avoiding Procrastination
Unit 7 Festival	Passage A Spring Festival
	Passage B Christmas Traditions
Unit 8 Career	Passage A How to Prepare for a Job Hunt
	Passage B Volunteering Does Benefit Your Career

续表

单元	篇章
Unit 9 Tips	Passage A Hotel Tips for Saving Money
	Passage B How to Use the First Aid in the Facing of Real Emergencies
Unit 10 Future	Passage A The Future Is Here
	Passage B Finding Habitable Worlds
Unit 11 Wisdom	Passage A Five Old Proverbs That Still Ring True
	Passage B The Secret Power of Posing
Unit 12 Values	Passage A Why Young Chinese Are Turning Their Backs on Western Brands
	Passage B China's National Day：How the Public Views National Pride

（二）样章分析

“听障大学生英语”课程的教学目标是培养学生的词汇、阅读、写作、翻译等方面的能力，因此，在编写教材内容时，把这几个教学目标融入每一节课的教学内容中，尽可能实现“一个文本、多元目标”的功能，让学生在学习能力范围之内不断增强综合运用语言知识的能力。

《听障大学生英语》的内容科学、系统，涵盖听障学生英语学习的各个方面，能够循序渐进地帮助学生掌握语言技能。下面以第一单元第一篇章为例，对《听障大学生英语》的内容进行具体分析。

1. 内容提要

内容提要有助于学生快速了解该单元的学习重点，节省时间，提高学习效率。它提供了清晰的学习路径，帮助学生集中注意力，更好地掌握词汇、理解文本、练习语法。第一单元第一篇章的内容提要如下：

Unit 1 World Pioneers

Passage A

Reading：The Great Franz Schubert

Vocabulary：talent，romantic，related

Mind-map：inspire imagination and creativity

Exercises：Q&A，blank filling，multiple choice

Translation：further practice

Grammar：sentence structure 1

2. 热身

热身环节能有效激发学生的兴趣和参与度，通过形象化的图片与表达匹配，加深对内容的理解和记忆。这种互动方式使学习变得更有趣，能够提高学生的主动性和积极性。第一单元第一篇章的热身环节如下。

Warm-up

Match the pictures with the following expressions.

musician teacher violin piano voice

3. 课文

热身后进入课文部分。这篇课文讲述了弗朗茨·舒伯特的生平和成就，展示了他作为音乐家在古典主义与浪漫主义音乐时期的桥梁作用。课文突出叙述了舒伯特的音乐才华，从家庭教育到职业发展的历程以及他为音乐事业付出的努力和牺牲。这种叙述方式不仅可以帮助学生了解音乐历史，还能激发他们对音乐创作的兴趣。通过舒伯特的故事，学生能感受到音乐对人们生活的深远影响。第一单元第一篇课文如下。

The Great Franz Schubert

Franz Schubert was a great musician. He wrote seven symphonies, several operas, over 600 songs, and many other musical works. He was also a bridge between the Classical and Romantic times of music.

Schubert was born into a musical family in Vienna on January 31, 1797. His father was a teacher, and he taught young Schubert to play the violin. One of Schubert's brothers also gave him piano lessons.

Schubert had a talent for singing, too. That got him into a good school in 1808. He learned a lot about music there, and he was really good at writing all kinds of music. However, Schubert's voice changed when he was 15, so he had to leave the school.

Back at home, Schubert started working at his father's school. He didn't like teaching, though, and he spent every free moment writing music. During this time, he wrote his first full symphony and opera. He also wrote many of his famous songs.

In 1818, Schubert gave up teaching to make music full-time. People liked his music, and they even paid him to write music for them. Schubert finally made money from his musical works, but they didn't make him rich.

Even so, Schubert worked really long and hard. Sadly, his health got worse, and he died at the age of 31 on November 19, 1828. Schubert and his music touched many people during his time. His works still touch people today.

4. 生词和短语

课文中出现的生词和短语添加了彩图和音标，对听障生特别有帮助。彩图不仅使词汇更具视觉冲击力，帮助学生更好地理解词义，还能增强记忆。音标则确保学生能够准确理解发音规律，克服听觉障碍带来的识别困难。这种形式的词汇学习能够提高学生对新词汇的兴趣，帮助他们在实际应用中更加自信。通过这些彩图和音标，学生能够更全面地掌握词汇，并在阅读和交流中表现得更加流利和自然。第一单元第一篇课文中的生词和短语如下。

New words and expressions

生词和短语

symphony/'sɪmfəni/n.　交响乐（团）

full–time/ fʊl'taɪm / a.　全职的

opera/'ɒprə / n.　歌剧

romantic/rəʊ'mæntɪk /n.　浪漫主义

talent/'tælənt / n.　天资，天赋

touch /tʌtʃ/ v.　触动，感动

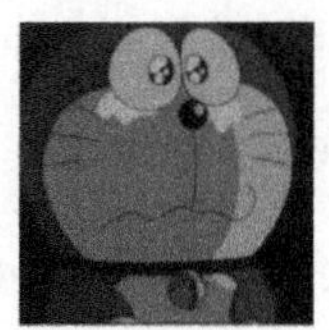

health /helθ/ n. 健康

be good at 擅长

at the age of 在……岁时

5. 全文翻译

每篇课文的后面都有中文版全文翻译。中文翻译提供了清晰的母语文本，使学生能够准确把握英文文本的意义，克服听力障碍带来的理解困难。中文看翻译还可以帮助学生进行双语对照学习，提升词汇量和对语法结构的掌握能力，以减轻听障生在课堂上对语言的依赖，增强他们的自信心，提高他们的阅读理解能力。这样的设计不仅能促进学生的语言学习，还能增强学生的整体学术表现。第一单元第一篇课文全文翻译如下。

音乐巨匠：弗朗茨 · 舒伯特

弗朗茨 · 舒伯特是一位伟大的音乐家。他写了 7 部交响曲、几部歌剧、600 多首歌曲和许多其他音乐作品。他也成为连接古典主义和浪漫主义音乐时期的桥梁。

1797 年 1 月 31 日，舒伯特出生于维也纳的一个音乐世家。他的父亲是一名教师，教小舒伯特拉小提琴。舒伯特的一个哥哥还教他弹钢琴。

舒伯特也有唱歌的天赋，这让他在 1808 年进入了一所好学校，他在那里学到了很多关于音乐的知识。他非常擅长写各种各样的乐谱。然而，当舒伯特 15 岁时，他的声音变了，所以他不得不离开学校。

回到家里，舒伯特开始在父亲的学校工作。但他不喜欢教书，他把所有空闲时间都用来写乐谱。在此期间，他写了他的第一部完整的交响乐和歌剧。他还写了许多名曲。

1818年，舒伯特放弃了教学，全职从事音乐创作。人们喜欢他的音乐，甚至付钱让他写乐谱。舒伯特最终用他的音乐作品赚了些钱，但这些作品并没有让他变得富有。

尽管如此，舒伯特还是工作很长时间，很努力。不幸的是，他的健康状况越来越差，并于1828年11月19日去世，享年31岁。舒伯特和他的音乐在他的时代感动了许多人。他的作品至今仍能打动人们。

6. 阅读理解

（1）思维导图

对课文文本的理解只是阅读理解的一个层面。思维导图有助于听障生加深对课文的深层次理解。思维导图可以将课文分解成多个方面，如词汇积累、好句、语法点和个人反思，学生可以全面把握文本的要点。词汇积累帮助学生记忆并使用新词；好句的记录能提升语言表达能力；语法点则加强语法知识的应用；个人反思环节鼓励学生思考文本的意义和个人感受，从而增强阅读的深度和广度。思维导图促进了系统学习，帮助学生克服听觉障碍带来的理解难题，提高整体学习效果。第一单元第一篇课文要求听障生设计的思维导图如下图所示。

Please draw a mind-map for this passage from at least four aspects：words，good sentences，grammar points，reflection etc.

请多角度设计课文的思维导图，如词汇积累、好句、语法点、个人反思等。

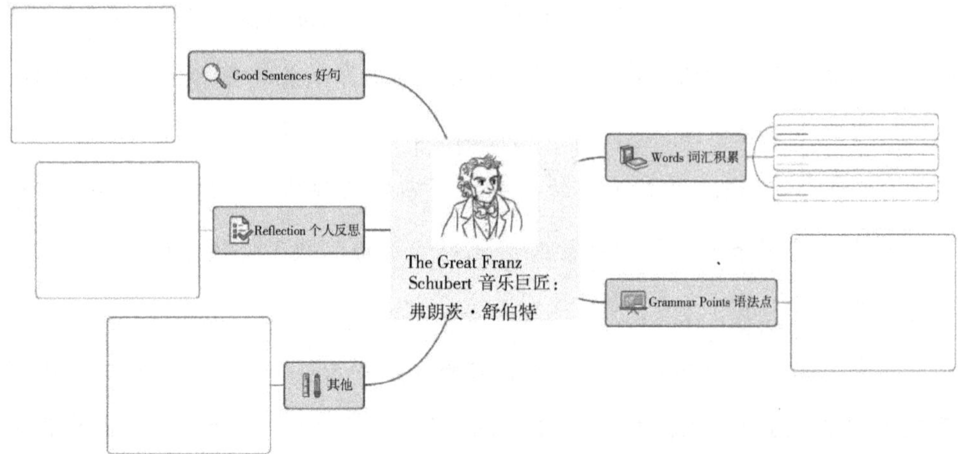

（2）练习题

进行不同题型的反复练习对提高阅读理解能力至关重要。问答题能帮助学生从文章中提取关键信息，并以完整句子回答，从而深化对文本内容的理解。词性转换题则训练学生掌握词汇的不同形式，强化语法知识的应用，使语言使用更加准确。选择题通过对比选项和根据文章内容作出判断，帮助学生提高对文章细节的把握和理解能力。多角度的练习不仅增强了对文本的全面理解，也培养了解决不同题型问题的能力。这样的训练对听障生尤为重要，它通过不同方式支持他们克服听力障碍，提升整体学习效果。第一单元第一篇课文设计的问答题、词性转换题及选择题如下。

①问答题

Answer these questions in complete sentences in no more than 50 words.

用完整句回答下列问题，每句不超过 50 个单词。

1. What did Schubert do?

2. How many pieces of works did Schubert make ?

3. Where was Schubert born?

4. Why did Schubert have to leave the school?

5. When did Schubert give up teaching to make music full-time?

②词性转换题

Give the correct form of all the words in bracket. Do not refer to the passage until you finish the exercise.

用括号中词的正确形式填空，完成练习后再对照课文，核对你的答案。

Franz Schubert was a great __1__（music）. He was also a bridge between the__2__（class）and romantic times of music.

Schubert was born into a musical family in Vienna. His father was a teacher, and he __3__（teach）young Schubert to play the violin. One of Schubert's__4__（brother）also gave him piano lessons.

Schubert had a talent for __5__（sing）, too. However, Schubert's voice __6__（change）when he was 15, so he had to leave the school.

Back at home, Schubert started __7__（work）at his father's school. He didn't like teaching, though, and he spent every free moment __8__（write）music.

People liked his music, and they even __9__（pay）him to write music for them. Even so, Schubert worked really long and hard. Sadly, his health got __10__（bad）, and he died at the age of 31.

③选择题

Choose the best answer to each question with the information from the passage.

根据课文内容选择最佳答案。

1. When was Schubert born?

A. in 1796　　B. in 1797　　C. in 1798　　D. in 1799

2. Which of the following is NOT necessary for Schubert to become famous?

A. He was born into a musical family.

B. He had a talent for playing instruments and singing.

C. He made a lot of money.

D. He learned a lot about music at a good school.

3. The people held a (an) _____attitude (态度) to Schubert's decision on making music full-time.

A. opposed B. suspicious C. critical D. supportive

4. Schubert and his music touched many people during his time. What does the word "touch" mean?

A. fight against B. move C. meet D. favor

5. We can use some words to describe (描述) Schubert except_______.

A. talented B. hard-working C. selfish D. well-educated

(3) 翻译题

翻译题结合了课文中的生词，对听障生提升语言能力非常有帮助。通过将英语句子翻译成汉语，学生可以加深对词汇和语法结构的理解，提高翻译技巧。将汉语句子翻译成英语则帮助学生应用所学的词汇和语法，检验和巩固他们的知识。这种训练方式不仅提高了学生的语言表达能力，还能帮助他们克服听力障碍带来的理解困难。第一单元第一篇章针对课文中重点生词和短语设计的英汉互译句子如下。

Translate the following English sentences into Chinese and Chinese into English.

将下列英语句子翻译成汉语，汉语句子翻译成英语。

1. This is my first full time job.

2. I didn't like opera before but my mum changed me.

3. He is not interested in romantic stories.

4. Both of the children have talent for music.

5. Eating too much sugar can lead to health problems.

6. 世界上最浪漫的事是什么？(romantic)

7. 20 岁时，海伦成了一名医生。（at the age of）

8. 玛丽善于弹奏小提琴。（be good at）

9. 她具有歌剧天赋。（talent，opera）

10. 我被他的话打动了。（touch）

7. 基础语法

《听障大学生英语》前六个单元都设计了基础语法部分，结合例句，易于操练，对听障生的语言学习具有显著好处。例如，第一单元的基础语法讲的是句子成分，通过明确标识主语、谓语、宾语和宾语补足语，学生可以更容易理解句子的结构和组成部分。这样的训练能帮助学生掌握基本句子结构，提高语言应用能力，补偿听力障碍带来的理解困难，增强学生的语法意识，提升书面表达能力。第一单元具体语法点设计如下所示。

Grammar：sentence structure one：subject, predicate, object, object complement.

基础语法：英语的句子成分之主语、谓语、宾语、宾语补足语。

（1）主语（subject）

主语是动作的执行者，可作主语的成分有名词、代词、不定式、动名词、句子等，主语一般在句首。

Please identify the subject in the following sentence and underline it.

请找出下列句子中的主语，标上下画线。

a. His job is to train swimmers.

b. We often speak English in class.

c. When we are going to have an English test has not been decided.

d. It is necessary to master a foreign language.

（2）谓语（predicate）

谓语是动作的过程或状态，由动词或动词词组构成，有完整的时态和语态，一般放在主语之后。

Please identify the predicates in the following sentences and underline them.

请找出下列句子中的谓语，标上下画线。

a. He managed to finish the work in time.

b. I have been learning English for 10 years.

c. He should tell me the truth.

d. My brother doesn't like study.

e. I shall answer your question after class.

（3）宾语（object）

宾语表示动作的接受者，一般在谓语后面。由名词，代词，不定式，非谓语及从句充当。

Please identify the objects in the following sentences and underline them.

请找出下列句子中的宾语，标上下画线。

a. My brother hasn't done his homework.

b. How many new words did you learn last class?

c. Some of the students in the school want to go swimming, how about you?

d. The old man sitting at the gate said he was ill.

（4）宾语补足语（object complement）

宾语补足语简称宾补，位于宾语之后对宾语作出说明。

Please identify the object complement in the following sentences and underline them.

请找出下列句子中的宾语补足语，标上下画线。

a. She likes the children to read books in the reading-room.

b. He asked her to take the boy out of school.

c. She found it difficult to do the work.

d. They call me Lily sometimes.

e. I saw Mr. Wang get on the bus.

8. 写作

《听障大学生英语》每个单元的写作部分给听障生提供了实践语言运用的机会。通过写作练习，学生可以巩固词汇和语法知识，提升表达能力。这种练习不仅帮助学生在实际情境中应用语言，还能增强他们的书面沟通能力和自信心。在设计写作任务时应结合真实情境，使学习更具趣味性和实用性，帮助学生更好地掌握语言技能。第一单元写作部分要求学生写一封祝贺信，具体要求如下。

Writing

祝贺信

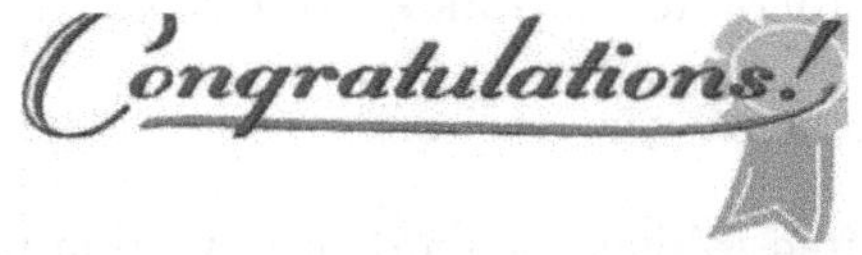

假如你是李明，得知美国好友 Lydia 已成功申请耶鲁大学（Yale University），请你用英文给她写一封电子邮件表示祝贺。内容要点如下：

（1）对她成功的祝贺；

（2）对她努力的肯定；

（3）对她未来的祝愿。

注意：词汇量为 100 个单词左右；可以适当增加细节，使行文连贯。

9. 单元小课题

《听障大学生英语》每个单元的最后一部分是小课题。单元小课题及其展示有助于全面提升学生的综合能力。通过调动学生的积极性鼓励他们主动参与，进行自主调研，学生不仅能学习如何收集和整理信息，还能学习制作思维导图和PPT，这些技能对他们今后的学术和职业发展都至关重要。团队合作能够提升他们的沟通和协作能力，公开展示能够增强他们的表达能力和演讲技巧。这种实践性的课题设计不仅让学生更好地掌握知识，还能提高他们的实际应用语言的能力，培养他们的自信心和组织能力，有助于在未来的学习和工作中取得更好的成绩。在实际教学中，可以根据需要灵活地设计更多的展示环节。第一单元的小课题部分如下。

Unit Project

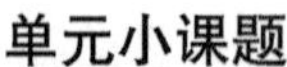

单元小课题

A Short Presentation to Introduce Traditional Chinese Medicine

Work in groups. Suppose you are employees working in a Chinese medicine company. You are invited to make a short presentation to introduce traditional Chinese medicine for your foreign counterparts on a cultural exchange. Your presentation can be based on the following aspects:

· the origin and development of traditional Chinese medicine;

· the main functions of traditional Chinese medicine;

· a brief introduction to your experience of using Chinese medicine.

Step 1

Surf the Internet and read materials to collect related information on traditional Chinese medicine, for example, the origin and development of traditional Chinese medicine, the main functions of traditional Chinese medicine, draw up an outline for the presentation.

Step 2

Create a mind-map according to your outline.

Step 3

Try to make a presentation in public based on the mind-map or the form of PPT.

（三）教材特色

1. 以学生为中心

《听障大学生英语》教材设计的总体原则是以学生为中心，注重实用性和美观性相结合，确保内容的易读性和理解度。通过科学合理的版式设计和呈现体例，使教材不仅易于使用，还能激发学生的学习兴趣。

2. 版式设计突出视觉效果

（1）层次

《听障大学生英语》的版式设计简洁明了、层次分明。每个单元都有清晰的不同级别的标题，使学生一目了然地了解学习内容。

（2）文字和段落

《听障大学生英语》的字体使用了易于阅读的 Arial 和 Times New Roman，字号大小适中。标题和正文有明显区分，标题采用加粗的大字体、正文采用适中的字体，确保其易读性。行距和段落设置合理，避免过密或过疏，内文行距一般设置为 1.5 倍，段落之间适当增加了间距，确保阅读流畅。

（3）色彩

在色彩搭配上，《听障大学生英语》颜色对比合理，突出重要内容和关键点，避免过于鲜艳或过于暗淡，确保学生能够舒适阅读。该教材的整体色彩风格统一，避免颜色的过多变化，视觉效果美观、清爽。

（4）图文搭配

图文搭配是提升教材视觉效果和帮助学生理解内容的重要手段。在

《听障大学生英语》中合理的位置，搭配了与文本内容相关的图片和表格，如实物图片、示意图和流程图等，与正文有机结合，辅助说明教材内容，增强了教材的生动性、可读性和美观性，帮助学生更好地理解和掌握学习内容。

（5）辅助元素

《听障大学生英语》中加入了大量辅助元素，如色块、图标和分隔线、关键知识点的提示框、例句的高亮显示、练习题的分隔栏等，既美观又功能性强，帮助学生避免视觉疲劳，提高阅读效率，迅速抓住重点内容。在教材中还合理运用空白区域，避免版面过于拥挤，提升整体阅读体验，帮助学生更有针对性地进行学习和练习。

科学的版式设计、合理的图文搭配形成了良好的视觉效果，不仅提升了教材的质量和可读性，还使学生在学习过程中能够更加专注和高效。《听障大学生英语》这些设计提高了学生的视觉体验和注意力，增强了教学效果。

3. 无障碍元素补偿听觉缺陷

《听障大学生英语》不仅提供了多种信息呈现形式，如文本、图片、表格等，还匹配了 PPT 文件和手语视频讲解等，图表也搭配了简洁明了的文字说明，形成了良好的视觉引导，帮助听障生通过视觉信息更好地理解和记忆所学内容，确保信息的多感官输入，对听障生的听觉缺陷进行了补偿，增强了学习效果。

4. 强互动性提升学习兴趣和参与度

《听障大学生英语》每个篇章都设计了互动话题，以激发学生的学习兴趣，提升学生的参与度，引发学生思考，并试图引出新的话题。各篇章互动话题及其回答参考见表 3–5。

表 3-5　各篇章互动话题及其回答参考

单元 / 篇章	篇章互动话题	互动话题回答参考
1/A	学习《音乐巨匠：弗朗茨·舒伯特》这篇文章之后，请大家讨论和深度思考：从这篇课文中你学到了什么？有什么收获和感悟	生活不总是一帆风顺的，聪明的人有很多，很小就显现出天赋的人也不少，但是，能把握自身优势，坚持自己的追求并不断创造作品和取得成就的人更值得崇拜和学习。《钢铁是怎样炼成的》一书中有一段经典的话送给大家：人最宝贵的东西是生命，生命属于人只有一次，一个人的生命是应该这样度过的，当他回首往事的时候，他不会因虚度年华而悔恨，也不会因碌碌无为而羞愧
1/B	学习《医学先锋屠呦呦》这篇文章之后，请大家讨论和深度思考：从这篇课文中你学到了什么？有什么收获和感悟	取得成功不是一蹴而就的，需要哪些因素呢？天赋、平台、机会、努力付出等，当然团队也很重要。屠呦呦的团队给了她很大的支持，中药的基础给了她很好的灵感，她自身又具备敢于以身试药的奉献精神，可以说值得我们去学习、去实践
2/A	学习《恐龙灭绝之谜》这篇文章之后，请大家讨论和深度思考：从这篇课文中你学到了什么？有什么收获和感悟	物种灭绝的原因是多元化的，既包括自然环境的变迁和种间竞争，也包括人类活动导致的栖息地破坏、过度捕猎以及环境污染等。我们该如何做好物种与环境保护？我们能做的有以下几点。（1）多宣传。倡导爱护动物和环境。（2）不买卖、不捕杀。没有买卖就没有屠杀。（3）减少消费。我们要尽可能地减少消费，减少对自然资源的需求。（4）推广环保技术。推广环保技术，减少污染，减少碳排放，改善全球气候。地球是我家，绿色星球靠大家
2/B	学习《世界上最聪明的动物》这篇文章之后，请大家讨论和深度思考：从这篇课文中你学到了什么？有什么收获和感悟	世界之大无奇不有，人类并不是自然界中唯一拥有智慧的动物。动物聪明起来，连人类都目瞪口呆。你见过最聪明的动物是什么？能分享一下你养小动物的经历及体会吗
3/A	学习《卢浮宫》这篇文章之后，请大家讨论和深度思考：从这篇课文中你学到了什么？有什么收获和感悟	这篇文章让我认识到卢浮宫不仅是一个艺术收藏地，更是历史与文化的见证。从中世纪的城堡到国王的宫殿，再到世界级博物馆，卢浮宫的转变展示了艺术和文化的重要性。通过现代技术，如虚拟现实技术，让艺术体验更加生动和可及。你是否参观过卢浮宫或其他著名博物馆？这些体验给你带来了什么启发

续表

单元 / 篇章	篇章互动话题	互动话题回答参考
3/B	学习《电梯的历史》这篇文章之后，请大家讨论和深度思考：从这篇课文中你学到了什么？有什么收获和感悟	随着我国经济高质量发展、城镇化建设的加速和房地产行业的发展，我国成为全球电梯制造中心和最大的电梯市场。电梯主要在哪些场所使用？我国电梯行业未来的发展趋势是什么
4/A	学习《你的习惯健康吗》这篇文章之后，请大家讨论和深度思考：从这篇课文中你学到了什么？有什么收获和感悟	健康是人类最宝贵的财富。而养成健康的生活习惯则是维护这一财富的关键。在快节奏的现代生活中，健康习惯不仅关乎个人的身体状态，更影响着人们的生活质量、工作效率以及心理健康。你有哪些健康的习惯？你认为保持健康的习惯有什么重要意义
4/B	学习《跑步与健康》这篇文章之后，请大家讨论和深度思考：从这篇课文中你学到了什么？有什么收获和感悟	为了强身健体，跑步相对于其他的运动来说，是比较容易进行的运动。你喜欢跑步吗？你对于跑步或其他健身方式有什么心得体会
5/A	学习《图书馆：我对书籍的热爱始于此》这篇文章之后，请大家讨论和深度思考：从这篇课文中你学到了什么？有什么收获和感悟	这篇文章让我们深刻认识到图书馆的价值和意义。图书馆不仅是一个物理空间，更是一个心灵的栖息地，一个培养阅读习惯、激发学习兴趣和传承文化传统的重要场所。我们每个人都应该珍惜并善用图书馆这一宝贵资源，去探索知识的海洋，享受阅读的乐趣，并将这种热爱传递给下一代
5/B	学习《全球语言网络化：一个都不能少》这篇文章之后，请大家讨论和深度思考：从这篇课文中你学到了什么？有什么收获和感悟	这篇文章让我们意识到保护语言多样性的重要性。尽管互联网为交流提供了便利，但许多语言种类在互联网上的缺失，限制了文化传播。推动多语言支持，如在社交媒体和百科全书中增加更多语言种类，是保护语言和文化的关键一步。哪些措施可以进一步推动语言多样性在互联网的发展
6/A	学习《你上网成瘾吗》这篇文章之后，请大家讨论和深度思考：从这篇课文中你学到了什么？有什么收获和感悟	这篇文章让我们反思自己对互联网的使用习惯。过度上网可能会影响家庭、朋友、工作和学业。如果发现自己有网瘾倾向，应该主动减少上网时间，多进行面对面交流。你认为有哪些有效的方法可以帮助我们减少对互联网的依赖

续表

单元 / 篇章	篇章互动话题	互动话题回答参考
6/B	学习《别让“拖延”误了你》这篇文章之后，请大家讨论和深度思考：从这篇课文中你学到了什么？有什么收获和感悟	这篇文章让我们意识到拖延并非简单的懒惰，而是大脑理性和非理性的较量。拖延症会严重影响学习、工作和生活。克服拖延的关键是立即行动，分阶段完成任务，并给予自己奖励。你有哪些有效的方法来对抗拖延？分享一下你的经验吧
7/A	学习《春节》这篇文章之后，请大家讨论和深度思考：从这篇课文中你学到了什么？有什么收获和感悟	这篇文章让我们体会到春节不仅是一个传统节日，更是家庭团聚和情感交流的重要时刻。无论是汤姆的新体验，还是徐刚的回家之旅，春节的核心都是亲情和团聚。这让我们反思自己的家庭关系和家乡的节日习俗。你对春节有哪些特别的回忆或独特的庆祝方式
7/B	学习《圣诞传统》这篇文章之后，请大家讨论和深度思考：从这篇课文中你学到了什么？有什么收获和感悟	这篇文章让我们认识到许多圣诞传统都有着深厚的历史和有趣的起源。无论是圣诞树、圣诞饼干、长袜，还是颂歌，每个传统都讲述了一段美丽的故事，传递着喜庆和温暖。了解这些背景让我们更加珍惜这些节日习俗。你有什么特别的节日传统和故事愿意分享吗
8/A	学习《如何为求职做准备》这篇文章之后，请大家讨论和深度思考：从这篇课文中你学到了什么？有什么收获和感悟	这篇文章让我们意识到在求职过程中，提前准备和提升自我技能的重要性。尤其是英语能力，良好的英语水平不仅能增加就业机会，还能助力职业晋升。细心权衡新工作的利弊也是关键。你有哪些提升职场竞争力的方法或经验
8/B	学习《做志愿者对你的事业大有裨益》这篇文章之后，请大家讨论和深度思考：从这篇课文中你学到了什么？有什么收获和感悟	这篇文章让我们意识到志愿活动不仅有助于社会，还能为个人职业发展带来巨大裨益。通过志愿服务，可以练习工作中的重要技能，获得新领域的经验，并结识专业人士。你有没有通过志愿服务获得过重要的技能或职业机会
9/A	学习《酒店省钱小技巧》这篇文章之后，请大家讨论和深度思考：从这篇课文中你学到了什么？有何收获和感悟	这篇文章让我们意识到，在旅行中选择合适的酒店和利用增值服务可以大大节省开支。通过选择远离市中心的酒店和避免使用昂贵的客房服务，可以有效控制预算。你有哪些旅行中省钱的技巧或经验？分享一下吧

续表

单元 / 篇章	篇章互动话题	互动话题回答参考
9/B	学习《现实中如何使用急救》这篇文章之后，请大家讨论和深度思考：从这篇课文中你学到了什么？有什么收获和感悟	这篇文章让我们认识到急救不仅仅是技术问题，更需要心理准备和信心。尽力而为，保持冷静，建立信任是有效急救的关键。即使无法保证取得完美的结果，真诚的关怀和沟通也能减轻伤者的恐惧。你有没有学习过急救技巧？在紧急情况下，你会怎么应对
10/A	学习《未来就在眼前》这篇文章之后，请大家讨论和深度思考：从这篇课文中你学到了什么？有什么收获和感悟	这篇文章让我们意识到机器人技术的迅速发展正在改变我们的日常生活。从家庭助手到厨房主厨，机器人不仅提高了我们的生活质量，还带来了更多便利。未来已经在我们身边。你对哪种家庭机器人最感兴趣？你认为机器人还能在生活中哪些方面提供帮助
10/B	学习《寻找地外宜居星域》这篇文章之后，请大家讨论和深度思考：从这篇课文中你学到了什么？有什么收获和感悟	这篇文章让我们认识到寻找宜居星球的复杂性和科学探索的重要性。适宜的大小、大气层和与恒星的距离是行星宜居的关键因素。地球可能不是唯一的宜居星球，但要找到其他宜居星球，我们需要不断探索。你认为我们在未来会找到另一个宜居星球吗？这将对人类有什么影响
11/A	学习《五句仍然正确的谚语》这篇文章之后，请大家讨论和深度思考：从这篇课文中你学到了什么？有什么收获和感悟	这篇文章让我们体会到中国谚语中的深刻智慧和生活哲理。这些简短的话语蕴含着丰富的经验教训，从“塞翁失马”的逆境中的希望，到“吃一堑，长一智”的学习与成长，再到“众人拾柴火焰高”的团队合作精神，都为我们的生活提供了宝贵的指导。你有没有特别喜欢的谚语或格言？它对你的生活产生了什么影响
11/B	学习《摆姿势的神秘力量》这篇文章之后，请大家讨论和深度思考：从这篇课文中你学到了什么？有什么收获和感悟	这篇文章让我们意识到肢体语言不仅反映了我们的内心状态，还能反过来影响我们的情绪和表现。通过摆出自信的姿势，可以在面试或重要场合增强自信，降低压力。这提醒我们，在面对挑战时，不仅要准备充分，还要注重身体姿态。你有没有尝试过通过改变姿势来提升自信？效果如何

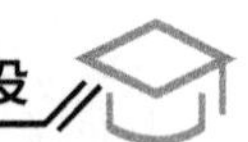

续表

单元 / 篇章	篇章互动话题	互动话题回答参考
12/A	学习《为什么中国年轻人背弃西方品牌》这篇文章之后，请大家讨论和深度思考：从这篇课文中你学到了什么？有什么收获和感悟	这篇文章让我们认识到中国年轻人消费观念的转变，反映了对本土文化和自主品牌的认同与自信。国产品牌因其独特性和文化连接，逐渐受到年轻人的喜爱。这种现象不仅展示了中国经济的崛起，还体现了文化自信的增强。这种消费趋势在未来会对全球品牌产生怎样的影响
12/B	学习《中国国庆节：公众如何看待民族自豪感》这篇文章之后，请大家讨论和深度思考：从这篇课文中你学到了什么？有什么收获和感悟	这篇文章让我们深刻体会到民族自豪感的多样表现形式和深层意义。无论是日常生活中的行为，还是在关键时刻国家对我们的保护，都能激发人们的爱国情怀。每个人的表达方式不同，但共同点在于对国家的热爱和归属感。你是否有过某个瞬间感受到强烈的民族自豪感？那时的情景是怎样的

总的来说，《听障大学生英语》在内容设计上注重科学性和系统性，采用层层递进的方式，帮助学生循序渐进地掌握英语知识。该教材版面设计和图文搭配合理，确保视觉效果清晰，便于听障生理解和记忆。

第三节　教材中的文化呈现

一、文化呈现的意义

《普通高等学校教材管理办法》提出："高校教材必须体现党和国家意志。坚持马克思主义指导地位，体现马克思主义中国文化要求，体现中国和中华民族风格，体现党和国家对教育的基本要求，体现国家和民族基本价值观，体现人类文化知识积累和创新成果。全面贯彻党的教育方针，落实立德树人根本任务，扎根中国大地，站稳中国立场，充分体现社会主义核心价值观，加强爱国主义、集体主义、社会主义教育，引导学生坚定道路自信、理论自信、制度自信、文化自信，成为担当中华民族复兴大任的时代新人。”2020 年 5 月，教育部印发《高等学校课程思政建设指导纲要》。该纲要明确提出，课程思政建设内容要“加强中华优秀传统文化教育。大力弘扬以爱国主义为核心的民族精神和以改革创新为核心的时代精神，教育引导学生深刻理解中华优秀传统文化中讲仁爱、重民本、守诚信、崇正义、尚和合、求大同的思想精华和时代价值，教育引导学生传承中华文脉，富有中国心、饱含中国情、充满中国味”。在全球化和多元文化交流日益频繁的背景下，新时代的大学英语教材不仅要注重语言技能的培养，还要兼顾母语文化和世界多元文化的学习。因此，加强中华优秀传统文化在英语教材中的呈现，促进学生对母语文化的认同，同时兼顾世界多元文化的学习，具有重要意义。

中华优秀传统文化在教材中的呈现具有多层次和多方面的意义，具体包括以下几个方面。

（一）文化传承与教育

通过教材，将中华优秀传统文化的精髓传递给学生，使其了解和认同自己的文化根源。这种传承不仅包括历史、文学、艺术等方面的知识，还涵盖道德、伦理和价值观念。

（二）价值观的培养

教材中的中华优秀传统文化内容有助于培养学生的核心价值观，加强其爱国主义、集体主义、家国情怀、社会责任感等。这些价值观的培养能够塑造学生正确的人生观和世界观。

（三）文化认同与自信

在教材中呈现中华优秀传统文化，有助于增强学生的文化认同感和自信心，使其能够在全球化的背景下更加自豪和坚定地认同自己的母语文化，增强民族自信心和凝聚力。

（四）多样化的文化视野

通过教材中的文化呈现，让学生了解中华优秀传统文化的多样性和丰富性，包括各民族的文化习俗、语言、艺术形式等，促进学生对不同文化的尊重和理解，培养包容开放的文化视野。

（五）传统美德的弘扬

教材中的中华优秀传统文化内容能够弘扬传统美德，如孝敬父母、尊师重道、诚信友爱、勤俭节约等。这些美德的教育有助于塑造学生良好的品格和行为习惯。

（六）思维方式与智慧

中华优秀传统文化中的哲学思想、经典著作和科学发明等蕴含着丰富的智慧和独特的思维方式。通过学习教材，可以启发学生的思维，培养其创新能力和解决问题的能力。

（七）社会实践与应用

教材中的中华优秀传统文化内容可以结合各种社会实践活动，如传统节日的庆祝、文化遗产的保护等，增强学生的实际应用能力和社会责任感。

通过在教材中系统地呈现中华优秀传统文化，能促进跨文化交流与理解，使学生在全球化背景下，既能保持本国文化特色，又能开放包容地理解和尊重其他文化。这种文化教育不仅丰富了学生的知识体系，还培养了他们的文化素养和人文精神，培养全面发展的新时代人才，为社会的和谐发展和文化的持续繁荣奠定基础。

二、文化呈现分析

《听障大学生英语》在文化呈现和价值观塑造方面具有显著特色。该教材通过精选的主题模块，介绍不同国家和地区的文化习俗、历史事件和杰出人物，向学生展示多元文化的丰富内涵，不仅拓宽了学生的全球视野，还培养了他们对不同文化的理解和尊重。该教材中的案例分析和讨论活动，帮助学生反思自身价值观，增强文化自觉和自信，促进他们成为具有全球意识和道德责任感的现代公民。

（一）传统节日与文化习俗

该教材第七单元的文章详细介绍了中国最重要的传统节日之一——春节。通过描述汤姆·詹金斯和徐刚的春节体验，展示了传统节日的准备、家庭团聚和习俗（如贴福字、放烟花和享用丰盛晚餐）。这些内容不仅帮助学生了解并认同中华优秀传统文化，还通过外国人的视角展示了春节的魅力，增加了跨文化的理解与交流。

（二）中国当代消费文化的转变

该教材第十二单元的文章《为什么中国年轻人背弃西方品牌》深入探讨了当代中国年轻消费者对国产品牌和设计师的偏好。这一转变不仅是个人喜好的变化，更反映了对“中国风”的欣赏和对中国文化自信的增强。文章通过莉莉等年轻人的故事，展示了他们如何在消费中体现对中国传统文化和当代设计的认同，从而传递出一种新时代的文化自豪感。

（三）中华优秀传统文化的传承

该教材第十一单元中“爱屋及乌”和“授人以鱼不如授人以渔”等谚语展示了中国传统智慧的深远影响。这些内容不仅帮助学生理解和传承中国文化，还通过对比和联系，增强了他们对自身文化的认同感和自豪感。

（四）语言多样性与文化保护

该教材通过思维导图和基于主题的单元小课题，鼓励学生观察和思考。例如，《全球语言网络化：一个都不能少》引导学生关注语言多样性和文化保护，通过讨论和研究，培养他们的观察能力和创新思维能力。

（五）跨文化节日与习俗

该教材第七单元的文章《圣诞传统》详细介绍了西方国家庆祝圣诞节的历史和习俗，如装饰圣诞树、唱圣诞颂歌和烤圣诞饼干。通过这些详细的描述，学生不仅了解了西方文化的丰富性，还能够比较和理解不同文化的节日庆祝方式，培养跨文化交际能力。

（六）科技发展的历史

该教材第三单元的文章《电梯的历史》介绍了电梯的发展历程，从最早形式的电梯到现代的高科技电梯，展示了人类在科技发展过程中的智慧和创新。通过学习这些内容，学生不仅掌握了相关的英语知识，还对世界各国的科技历史有了更深的了解，增强了对全球科技发展的认识。

（七）榜样人物与影响

该教材在第一单元介绍了音乐家弗朗茨·舒伯特和科学家屠呦呦的故事。弗朗茨·舒伯特在短暂而艰辛的生命中创作了大量不朽的音乐作品。尽管生前饱受贫困和疾病困扰，舒伯特始终坚持创作，用音乐表达内心深处的情感和理想。他的作品充满了对生活的热爱和对美好事物的向往，激励无数后来者在面对困境时不放弃希望，在追求艺术与梦想的道路上不断前行。舒伯特以其不屈不挠的精神和卓越的才华，成为音乐史上令人敬仰的典范。通过讲述杰出人物和优秀事迹，树立榜样，激发学生的道德情感和社会责任感。屠呦呦作为中国杰出的医学科学家，她通过不懈努力和顽强的科研精神，成功提取出青蒿素，拯救了全球数百万人的生命。她的故事不仅展示了个人的卓越成就，更反映了科学家对人类健康事业的巨大贡献。通过学习屠呦呦的故事，学生可以深刻体会到什么是崇高的职业道德和社会责任，在潜移默化中培养他们正确的价值观和人生观。该教材引入这些真实感人的事迹，帮助学生在学习英语的同时，树立积极的人生目标，激发他们为社会和国家作出贡献的热情。通过学习这些内容，学生还可以了解不同国家和文化背景下的伟大人物及其对世界的贡献，培养他们对榜样人物的敬仰和对不同文化的尊重，提升全球视野和文化包容性。

（八）高科技前瞻元素

该教材第十单元的文章《未来就在眼前》深入探讨了机器人在现代社会中的广泛应用，如医疗护理、工业生产和家庭服务等领域中的智能化管理。这些应用不仅提升了生产力和生活质量，也展示了人类在科技领域的不懈追求和突破。通过对机器人技术不断创新和发展的叙述，强调了科技对社会进步的巨大推动作用，激励人们继续探索新的科技前沿，解决现实问题，创造更加美好的未来。《寻找地外宜居星球》课文彰显了人类对未知宇宙的无尽好奇和不懈探索精神。课文中描述了科学家利用先进的天文技术和太空探测器，积极寻找适合人类居住的星球。这不仅展示了人类在面对地球资源有限和环境问题时的应对策略，更体现了科学家为了解决未来生存挑战而进行的艰辛努力。通过不断的研究与实验，他们推动了天文学和航天技术的发展，同时也激发了新一代年轻人对科学的探索热情。课文传递出一种坚定信念，即只要持之以恒、勇于创新，人类终能开拓新的生存空间，迎接更加广阔的未来。

（九）社会责任感

在该教材中，《别让“拖延”误了你》和《你上网成瘾吗》等文章强调

个人责任和社会责任。《别让“拖延”误了你》通过生动的案例和实用的建议，帮助学生认识到拖延的危害，并提供有效的时间管理技巧，鼓励他们培养自律的生活习惯。这篇文章通过具体的情境和角色设定，让学生直观地看到拖延对个人生活和学业的负面影响，从而激发他们自我管理和改善的动力。《你上网成瘾吗》则探讨了现代社会中存在的网络成瘾问题，提醒学生保持健康的上网习惯。这篇文章不仅通过数据和案例分析了网络成瘾的现象，还提供了具体的解决方案，如制定上网时间表、增加户外活动等，帮助学生在实际生活中落实这些建议。通过这些文章，学生不仅可以学会自律和时间管理，还能培养积极的生活态度和责任感，提升自身的社会责任意识。该教材还设计了相关的讨论和反思活动，让学生在互动中深化对这些问题的理解，并探讨如何在日常生活中践行这些建议。

（十）民族自豪感

该教材第十二单元的文章《中国国庆节：公众如何看待民族自豪感》通过采访北京街头的普通人，展示了现代中国人对国家的深厚感情和自豪感。这些采访记录了人们通过观看传统电影、参观博物馆、在国外注意言行等日常行为，表达对国家的热爱和认同。这样的内容不仅体现了对传统文化的尊重，也展示了中国在现代社会中的成就和影响力。通过这些实际例子，学生在学习英语的过程中可以感受到民族自豪感，了解国家的现代成就，从而增强他们对中华优秀传统文化和历史的认同感。

《听障大学生英语》在教授英语语言知识的同时，在阅读文章中展示了中华优秀传统文化的魅力与世界多元文化的丰富性。学生接触中华优秀传统文化有助于增强民族自豪感和文化认同，了解并继承中华文明的智慧与美德，如仁爱、孝道和自强不息等精神。另外，世界多元文化的熏陶开阔了学生的国际视野，培养了他们的跨文化交流能力和全球化思维。这种文化交融不仅提高了学生的语言能力，还增强了他们的包容性和适应能力，使其更好地应对未来全球化社会的挑战。在理解和尊重不同文化的过程中，学生也能培养创新能力。

第四章　慕课等资源建设

第一节 慕课发展现状

一、慕课的起源与发展

（一）起源

慕课（Massive Open Online Courses，MOOCs）的起源可以追溯到2008年，加拿大的教育学者George Siemens和Stephen Downes开设了第一门称为慕课的课程——“连接主义与连接知识”（Connectivism and Connective Knowledge）。这门课程基于连接主义学习理论，旨在利用互联网技术，通过开放的在线平台为大规模的学生群体提供教育资源。这一初步尝试标志着慕课的诞生，并为后来的发展奠定了基础。

然而，真正将慕课推向全球视野的是2011年美国斯坦福大学的三位教授，即Sebastian Thrun、Andrew Ng和Daphne Koller，分别开设了人工智能、机器学习和数据库课程。这些课程在全球范围内吸引了数十万名学生注册学习，其中Thrun的人工智能课程注册人数达到16万，来自190个国家。这些课程不仅证明了慕课模式的可行性，也展示了其在全球教育资源分配中的巨大潜力。

（二）发展

随着技术的进步和互联网的普及，慕课迅速发展并逐渐形成一个全球性的教育现象。以下是慕课发展的几个重要阶段。

1. 初期探索（2008—2011 年）

在这个阶段，慕课主要处于概念验证和初步探索阶段。早期慕课的课程大多由个人学者和少数大学自主开设，规模相对较小，但为未来的大规模应用打下了基础。

2. 快速扩张（2012—2015 年）

2012 年被称为“慕课元年”，这一年标志着慕课进入快速扩张期。随着 Coursera、edX 和 Udacity 等慕课平台的成立，慕课课程数量和注册学生数量均迅速增加。这些平台与全球众多顶尖大学合作，推出了涵盖广泛学科的高质量课程。例如，Coursera 由美国斯坦福大学的两位教授 Andrew Ng 和 Daphne Koller 创办，迅速吸引了全球大量学习者；edX 则是美国哈佛大学和麻省理工学院联合创办的平台，旨在提供世界级的在线教育资源。

3. 多元化与深化（2016—2019 年）

随着用户需求的多样化和平台的不断发展，慕课逐渐从单纯的课程提供向多元化服务转变。这一时期，慕课平台开始推出专业认证、学位项目和企业培训等服务。例如，Coursera 推出了“Coursera for Business”，旨在为企业提供定制化的培训解决方案；edX 则推出了“MicroMasters”项目，允许学习者通过在线课程获得部分硕士学位学分。此外，各平台还加强了与全球高校和企业的合作，进一步提升了课程质量和用户体验。

4. 成熟与创新（2020 年至今）

全球在线教育需求激增，慕课平台迎来了新的发展机遇。这一时期，慕课不仅在数量上实现了进一步增长，在内容和形式上也不断创新。例如，各平台开始采用人工智能和大数据技术，提升课程推荐和学习分析的精准度；虚拟现实和增强现实技术的应用，使在线学习体验更加生动和具有互动性。此外，各平台还推出了更多跨学科和跨文化的课程，促进了全球教育资源的共享和流动。

（三）影响与挑战

慕课的快速发展，对全球高等教育和终身学习产生了深远影响。首先，慕课为全球学习者提供了便捷、开放的学习机会，打破了传统教育的时空限制，使更多人能够获得优质教育资源。其次，慕课推动了教育方法和学习模式的变革，通过在线互动、协作学习和个性化推荐等方式，提升了学习效果和参与度。

然而，慕课的发展也面临一些挑战。例如，高辍学率是慕课平台普遍面临的问题。尽管注册人数庞大，但完成课程的学生比例相对较低。此外，课程质量的保证和平台的可持续发展也是需要解决的重要问题。为了应对这些挑战，平台和教育机构需要不断创新，提升课程设计质量和教学支持力度，同时探索可持续的商业模式。

随着技术的发展和教育理念的革新，慕课在全球范围内迅速发展，成为高等教育的重要组成部分。慕课的广泛应用不仅促进了教育资源的共享和普及，还推动了教学方法和教育模式的创新。近年来，慕课在教育公平、终身学习和技能提升等方面发挥了重要作用，成为新时代教育信息化的重要推动力量。

二、我国高等特殊教育慕课发展现状

（一）我国慕课整体发展突飞猛进

国家教育部门等相关机构出台了大量与信息化教育相关的方案或意见，旨在加快推进教育信息化“三通两平台”的建设与应用，加强慕课的建设、使用和管理，利用现代教育技术和方法提高办学质量和人才培养水平。教育信息化将为高等教育的发展提供强有力的支持，促进教育资源的优化配置和教学质量的全面提升。2019 年 4 月 9 日，在以“识变、应变、求变”为主题举办的中国慕课大会上，发布了《中国慕课行动宣言》，对中国慕课的建、

用、学、管等工作作出了新部署。该宣言指出，2013 年，在教育部大力推动下，中国慕课建设开始起步；2018 年，教育部认定推出首批 490 门国家精品慕课；2019 年，教育部认定推出第二批 801 门国家精品慕课。据北京青年报客户端报道，截至 2022 年 2 月底，我国上线慕课数量超过 5 万门，选课人次近 8 亿，在校生获得慕课学分人次超过 3 亿，慕课数量和学习人数均居世界第一，并保持快速增长的态势。

（二）高等特殊教育慕课极度缺乏

近年来，随着教育信息化的推进，慕课在普通高等教育中的应用日益广泛，然而在高等特殊教育领域，特别是针对视障和听障大学生的慕课资源仍然极度缺乏。目前在“中国大学慕课”平台开放的所有课程中只有一门课适用于残障大学生，即南京特殊教育师范学院开设的“聋生大学英语”。

当前我国高等特殊教育慕课资源不足的现状主要体现在以下四个方面。

1. 资源总量有限

与普通高校相比，特殊高校和特殊教育专业开设的慕课数量明显不足。许多课程仍依赖传统教学模式，缺乏符合特殊教育需求的在线课程内容。这使视障和听障大学生难以获得充分的在线学习机会。

2. 资源质量参差不齐

现有的少量特殊教育慕课资源在质量上参差不齐，部分课程内容设计不够专业，缺乏对特殊需求的深刻理解和细致考虑。例如，视障生需要的盲文和音频教材、听障生需要的手语视频和字幕资源等，很多课程未能充分提供。

3. 辅助技术支持不足

特殊教育慕课的开发需要大量的辅助技术支持，包括屏幕阅读软件、语音识别技术、字幕生成技术等。然而，当前许多在线课程平台在这方面的技术支持力度不够，无法为特殊学生提供便捷、无障碍的学习体验。

4. 师资力量不足

开发和教授特殊教育慕课的师资力量不足。大多数教师未接受过系统的特殊教育培训，对如何设计和实施适合特殊学生的慕课缺乏经验和方法。这直接影响了课程的质量和效果。

为实现教育公平和提升特殊教育质量，加快高等特殊教育英语慕课建设已刻不容缓。

第二节 “听障大学生英语”慕课建设实践

一、建设背景

（一）需求的增长

近年来，随着我国特殊教育事业的发展，听障大学生数量逐渐增加。这一群体对高质量、高适应性的教育资源需求越发强烈，特别是在英语学习方面，传统课堂教学模式已无法完全满足听障生的学习需求。因此，开发适合听障生的英语慕课资源成为亟待解决的问题。

英语作为全球通用语言，是听障生走向社会、参与国际交流的重要工具。然而，听障生在英语听力和口语方面存在较大困难，传统教学方法效果有限。通过慕课形式，利用字幕、手语翻译和其他多媒体技术，可以帮助听障生克服这些障碍，提高他们的英语综合应用能力。

（二）慕课技术的发展

近年来，慕课技术的发展为特殊教育提供了新的可能性。慕课平台能够通过多媒体手段呈现教学内容，包括视频、字幕、手语、动画等，能够更好地适应听障生的学习需求。同时，在线学习的灵活性和便捷性也有助于听障生根据自身情况安排学习进度，提升学习效果。

二、“听障大学生英语”慕课建设

（一）教师团队与教学资源

“听障大学生英语”慕课（如图 4–1 所示）由某高校教务处立项并提供专项开放课程建设经费，以确保课程开发和实施所需的经费支持。该高校外语部教师组织专业团队，集结多学科专家和技术支持人员，共同参与该课程的开发和设计。该课程负责人具有多年的听障大学生英语授课经验，深谙学生学习特点；团队成员以中青年教师为主，混合式教学意识强，科研素养高；10 年以上教龄的听障生教师 3 人，手语熟练，可充分开展在线课程的录制和承担课题研究任务。该高校作为一所以特殊教育为特色的高

图 4–1 “听障大学生英语”慕课

等院校，长期致力于听障生的教育与培养，拥有开发和实施特殊教育慕课的优势。该高校在信息化教育方面已有一定的积累，这为听障大学生英语慕课的建设提供了坚实的基础。

该慕课的相关教学资源储备丰富，包括数百个教学课件，100 多个教学微视频，数十个主题性工作任务、教学案例、教学动画、教学结构图，丰富的习题与试题库以及教学文本资源等。此外，还包括若干课程设计的思维导图、小组互动题目、学生微电影作品和拓展资料。这些丰富的教学资源为课程的全面性和高质量提供了坚实的资源保障。

（二）课程内容设计

“听障大学生英语”慕课旨在满足听障大学生的特殊学习需求，通过科学合理的教学设计，提供高质量的英语学习资源。该课程内容设计见表 4–1。

表 4–1 “听障大学生英语”慕课课程内容设计

授课教师	周数	视频名称	对应 PPT（一般情况下是对应每一个小节的内容）	成片时长	完成时间
孙老师	第 1 周	1.1 英语词类	1.1 英语词类	0：15：42	2020 年 8 月 29 日
		1.2 英语句子成分基本句型 1	1.2 英语句子成分基本句型 1	0：08：36	2020 年 8 月 29 日
		1.3 句子成分及基本句型 2	1.3 句子成分及基本句型 2	0：08：16	2020 年 8 月 29 日
孙老师	第 2 周	2.1 时态专题一	2.1 时态专题一	0：12：47	2020 年 8 月 29 日
		2.2 时态专题二	2.2 时态专题二	0：08：34	2020 年 8 月 29 日
		2.3 主谓一致	2.3 主谓一致	0：09：41	2020 年 8 月 29 日
		2.4 被动语态	2.4 被动语态	0：11：43	2020 年 8 月 29 日
巩老师	第 3 周	3.1 A Private Conversation	3.1 A Private Conversation	0：09：54	2020 年 8 月 30 日
		3.2 Percy Buttons	3.2 Percy Buttons	0：08；25	2020 年 8 月 30 日
		3.3 Not for Jazz	3.3 Not for Jazz	0：08：56	2020 年 8 月 30 日

续表

授课教师	周数	视频名称	对应 PPT（一般情况下是对应每一个小节的内容）	成片时长	完成时间
孙老师	第 4 周	4.1 引语	4.1 引语	0：07：58	2020 年 9 月 26 日
		4.2 情态动词	4.2 情态动词	0：08：27	2020 年 9 月 26 日
		4.3 倒装句	4.3 倒装句	00：0：04	2020 年 9 月 26 日
		4.4 虚拟语气	4.4 虚拟语气	0：07：01	2020 年 9 月 26 日
		4.5 非谓语动词	4.5 非谓语动词	0：13：50	2020 年 9 月 26 日
		4.6 复合句	4.6 复合句	0：08：09	2020 年 9 月 26 日
巩老师	第 5 周	5.1 One Good Turn Deserves Another	5.1 One Good Turn deserves Another	0：09：43	2020 年 10 月 3 日
		5.2 The Greenwood Boys	5.2 The Greenwood Boys	0：09：03	2020 年 10 月 3 日
		5.3 A Polite request	5.3 A Polite Request	0：07：07	2020 年 10 月 3 日
		5.4 It Could Be Worse	5.4 It Could be Worse	0：08：08	2020 年 10 月 3 日
		5.5 The Best Art Critics	5.5 The Best Art Critics	0：09：38	2020 年 10 月 3 日
巩老师	第 6 周	6.1 Success Story	6.1 Success Story	0：08：38	2020 年 10 月 3 日
		6.2 Stop Thief	6.2 Stop Thief	0：08：41	2020 年 10 月 3 日
		6.3 Food and Talk	6.3 Food and Talk	0：07：32	2020 年 10 月 3 日
		6.4 Football or Polo	6.4 Football or Polo	0：07：15	2020 年 10 月 3 日

续表

授课教师	周数	视频名称	对应 PPT（一般情况下是对应每一个小节的内容）	成片时长	完成时间
胡老师	第 7 周	7.1 中西方传统节日 1	7.1 中西方传统节日 1	0：11：38	2020 年 10 月 13 日
		7.2 中西方传统节日 2	7.2 中西方传统节日 2	0：06：38	2020 年 10 月 13 日
		7.3 中西方传统节日 3	7.3 中西方传统节日 3	0：11：53	2020 年 10 月 13 日
		7.4 中西方传统节日 4	7.4 中西方传统节日 4	0：10：52	2020 年 10 月 13 日
胡老师	第 8 周	8.1 中西方婚礼	8.1 中西方婚礼	0：14：13	2020 年 10 月 13 日
胡老师	第 8 周	8.2 中外问候方式浅谈	8.2 中外问候方式浅谈	0：13：22	2020 年 10 月 13 日
		8.3 中西方餐桌礼仪文化	8.3 中西方餐桌礼仪文化	0：14：32	2020 年 10 月 13 日
		8.4 浅谈中西方数字差异 1	8.4 浅谈中西方数字差异 1	0：10：19	2020 年 10 月 13 日
		8.5 浅谈中西方数字差异 2	8.5 浅谈中西方数字差异 2	0：14：34	2020 年 10 月 13 日
都老师	第 9 周	9.1 大学英语四级总体介绍一	9.1 大学英语四级总体介绍一	0：08：28	2020 年 9 月 30 日
		9.2 大学英语四级总体介绍二	9.2 大学英语四级总体介绍二	0：09：26	2020 年 9 月 30 日
		9.3 大学英语四级阅读之选词填空一	9.3 大学英语四级阅读之选词填空一	0：08：01	2020 年 9 月 30 日
		9.4 大学英语四级阅读之选词填空二	9.4 大学英语四级阅读之选词填空二	0：13：35	2020 年 9 月 30 日

续表

授课教师	周数	视频名称	对应 PPT（一般情况下是对应每一个小节的内容）	成片时长	完成时间
都老师	第 10 周	10.1 大学英语四级阅读之长篇阅读一	10.1 大学英语四级阅读之长篇阅读一	0：08：02	2020 年 9 月 30 日
		10.2 大学英语四级阅读之长篇阅读二	10.2 大学英语四级阅读之长篇阅读二	0：12：08	2020 年 9 月 30 日
		10.3 大学英语四级阅读之仔细阅读一	10.3 大学英语四级阅读之仔细阅读一	0：08：08	2020 年 9 月 30 日
都老师	第 10 周	10.4 大学英语四级阅读之仔细阅读二	10.4 大学英语四级阅读之仔细阅读二	0：10：40	2020 年 9 月 30 日
都老师	第 11 周	11.1 大学英语四级翻译一	11.1 大学英语四级翻译一	0：09：07	2020 年 9 月 30 日
		11.2 大学英语四级翻译二	11.2 大学英语四级翻译二	0：11：11	2020 年 9 月 30 日
		11.3 大学英语四级翻译三	11.3 大学英语四级翻译三	0：09：23	2020 年 9 月 30 日
		11.4 大学英语四级翻译四	11.4 大学英语四级翻译四	0：06：02	2020 年 9 月 30 日
都老师	第 12 周	12.1 大学英语四级写作一	12.1 大学英语四级写作一	0：09：57	2020 年 9 月 30 日
		12.2 大学英语四级写作二	12.2 大学英语四级写作二	0：07：28	2020 年 9 月 30 日
		12.3 大学英语四级写作三	12.3 大学英语四级写作三	0：10：11	2020 年 9 月 30 日
		12.4 大学英语四级写作四	12.4 大学英语四级写作四	0：09：19	2020 年 9 月 30 日

该课程总时长为500分钟左右，课程内容涵盖基础英语词汇、语法、阅读、翻译、写作等，注重实用性和互动性，帮助学生循序渐进地提高英语水平。每节课都设计了丰富的教学活动和辅助资源，包括视频讲解、互动练习、课后作业和在线讨论等，确保学生能够在多样化的学习环境中全面发展语言技能。

“听障大学生英语”慕课在雨课堂平台上运行。雨课堂是一款结合在线教育和传统课堂教学的混合式教学平台，能够为听障生提供无障碍的学习体验。该平台支持多种形式的教学内容呈现和交互功能，方便听障生的学习。通过平台，学生不仅可以实时参与课堂互动，还可以利用课后时间进行复习和自主学习，进一步巩固所学知识。

在整个课程的开发过程中，教师团队积极吸取学生的反馈和建议，及时进行课程内容和教学方法的调整与改进，确保课程的有效性和适用性。通过系统性的课程建设和实施，听障大学生将能够获得更加公平、优质的英语教育资源，提升他们的语言能力和综合素质，为未来的发展打下坚实的基础。

三、“听障大学生英语”慕课运行与反馈

（一）“听障大学生英语”慕课运行情况

1. 教学过程

每轮课程周期为一个学期，每个学期共12个教学周。在此期间，课程教师定期进行辅导、答疑、测验、批阅，并及时反馈和分享学习成果。每个轮次包括6次在线测验，期中考试和期末考试各1次，作业6次。课程教师制定了线上学习的“三步走”策略，涵盖课前、课中和课后3个阶段。课前，通过公告告知学生本周课程的注意事项和特殊要求；课中，要求学生记笔记，

思考并提出问题；课后，要求学生完成相应的作业并积极参与论坛互动，如发帖和回帖。课程教师收集整理学生作业中出错较多的题目，在答疑区进行集中展示和反馈，提供有针对性的讲解，使学生能够及时检查学习效果，加深对知识的理解和记忆。

2. 教学方法

为了增强师生互动，课程教师设计了“碎”“动”“奖”等教学方法。“碎”是指将原来线下 45 分钟一节课的辅导内容拆分成 15 分钟或 10 分钟的小段，以便学生更好地保持专注。“动”是指采用比线下授课更丰富的交互式手段吸引学生注意力，包括每小节开始时引导学生思考，每小节结束时进行题目练习，学生自拍自制微视频，放在相应章节处，激发他们的学习兴趣。“奖”是指对视频学习、笔记整理、作业和测试完成出色的同学，在公告栏进行表扬并给予绩点加分，形成良好的激励机制，提高学生的响应度和师生互动的活跃度。

3. 课程考核

课程教师注重讲解、提问、答疑、讨论、考试测验、评价、反馈和反哺教学的闭合过程，确保学习有痕迹、题题有回应、考评有量化、评价有依据。

该课程在线学习的考核比例构成如下（满分 100 分）：单元及随堂测验占比 50%，期中考试占比 20%，期末考试占比 25%，交流研讨占比 5%。60—84 分为及格，85—100 分为优秀。通过这些设计和安排，力求使学生在每个教学周期中都能获得全面而有效的学习体验。

（二）课程反馈

根据 2021 年第二学期的线上课程数据，选修该课程的学生人数已超过了该平台 26.21% 的课程；学生的每周 7 日活跃率达 50%，超过了该平台

94.12% 的课程；论坛发帖回复率为 91.67%，讨论区人均互动次数也超过了平台上 60% 以上的课程。该课程自开设以来，由于受众有限，目前仅在中国慕课和雨课堂平台上以小规模限制性在线课程（SPOC）的形式进行教学。截至 2024 年 6 月，课程已成功运行了 6 个轮次，受益学生超过 500 人。这些数据表明，该课程的参与度和互动性都非常高，充分激发了学生的学习积极性。

学生反馈普遍比较积极，认为课程内容丰富、教学方式灵活，能够有效提升他们的英语水平和学习兴趣。许多听障生表示，这门慕课不仅帮助他们提高了英语能力，还增强了自信心和学习动力。教学团队不断努力，通过分析课程数据和学生反馈，持续改进课程内容和教学方法，以期为更多的听障大学生提供优质的英语学习资源。课程的创新性和实用性得到了听障大学生的一致好评。

线下教师也发现，在线课程的辅助极大地增强了线下课程的教学效果，形成了良好的线上线下互补。尽管选修或计划选修该课程的学生人数相比于普通学生而言并不算多，但希望能惠及更多的听障人士，尤其是那些热爱英语学习的特殊人群，让他们从中受益。

（三）存在问题及解决思路

尽管许多学生对该课程表示满意，但部分学生仍反映“听不懂”。虽然设有答疑区，但无法实时解决问题。为此，课程教师将在每一轮新课程开设时，在平台上添加群二维码，将选课学生集中到一个群组，以便实时解答问题，并更好地组织和通知相关事宜，以提升课程体验和学生参与度。

根据该课程前两个学期的使用情况，第一学期每个单元的话题参与数最多达到 15 条，最少只有 1 条；而第二学期每个单元的话题参与度显著提高，最多达到 98 条，最少也有 32 条。这说明，学生对不同主题的关注度各异，

贴近生活且具有较高自由度的主题更受欢迎。基于这一发现，课程教师将在课程中精选主题，以有效激励学生参与。

对于部分对课程不感兴趣、任务完成率始终较低的学生，调动他们的积极性至关重要。课程教师将特别关注这些学生，通过鼓励和引导，提升他们对课程的热情和参与度。

此外，课程教师还计划建立并完善在线课程题库系统，开发电脑版和移动版题库系统，并同步数据，这将大大方便教学，提高学习效果。

未来，课程教师将继续优化课程内容和教学方法，扩大课程的覆盖面和影响力。通过不断提升课程质量和教学效果，吸引更多的听障生参与学习，为他们提供更加优质和多样化的英语学习资源，进一步推动高等特殊教育的发展，让更多的特殊人群享受到教育公平和机会平等的福利。

随着信息时代的到来，教育信息化已成为发展趋势。慕课在高等教育中的应用，有助于改革传统教育模式，对人才培养模式的创新具有重要意义，并能弥补部分特教高校师资力量的不足。因此，高校应大力推广慕课，将其广泛应用于教学中，为残障大学生提供更多学习途径，确保助推高等特殊教育实现高质量发展。

第三节 视障大学生英语课程资源建设

一、视障生的学习优势

视障生在英语学习中具有独特的优势，这些优势使他们能够在语言学习中表现出色。首先，他们在日常生活中高度依赖听觉，这使他们的听力通常比普通学生更为敏锐，注意力更加集中。这一优势在英语听力训练中尤为明显，使他们在语音辨识、口语理解和听力测试中表现更为出色。其次，视障生通常会发展出更强的记忆力，以弥补视觉信息的缺失，他们能够更容易记住听到的单词、短语和句子，有助于在英语词汇学习和口语表达中有优异的表现。由于缺乏视觉信息干扰，视障生在学习过程中更容易专注于听觉信息的接收和处理，这种高度专注力有助于他们在听力练习和口语练习中取得更好的效果。他们还经常使用各种辅助技术，如屏幕阅读软件、盲文显示器和语音输入输出设备，这些工具不仅帮助他们在日常学习中获得信息，也在英语学习中提供了强有力的支持，提高了学习效率。最后，视障生通过听觉对语言的感知能力通常较强，他们能够更敏锐地捕捉语音、语调和语速的变化，有助于他们在口语交流中更准确地模仿、学习地道的英语发音和表达方式。他们在学习过程中往往更加注重细节，通过听觉捕捉和记忆细微的信息，这种细致入微的学习方式使他们在英语语法、词汇和句子结构的学习中能够更加准确和深入。通过发挥这些优势，视障生在英语学习中可以获得与健全学生同样甚至更为突出的表现。学校和教师可以利用这些优势，提供针对性的支持和资源，帮助视障生在英语学习中充分发挥潜力。

二、资源现状

视障生在英语学习中面临的资源不足问题，主要体现在盲文教材、音频材料和专门设计的教学工具方面。造成这种资源缺乏的原因有多个方面。首先，开发适用于视障生的英语课程资源需要大量资金投入。盲文教材的制作需要专门设备和技术，音频材料的制作则需要专业人员进行录制和编辑，这

些都增加了制作成本，使很多教育机构和出版社望而却步。其次，视障生的数量相对于普通学生来说较少，市场需求相对较小，这使很多商业出版机构和教育科技公司因为盈利能力不足，对开发专门的视障生英语课程资源缺乏兴趣和动力。最后，制作高质量的视障生英语课程资源需要具备特殊教育和英语教学双重背景的专业人员。然而，这类专业人才相对稀缺，很多教育机构和出版机构无法找到合适的团队来开发和维护这些资源。虽然现代科技在不断进步，但很多教育机构在应用新技术制作盲文和音频材料方面仍存在不足，缺乏先进的技术支持，导致现有资源更新缓慢，无法满足视障生不断变化的学习需求。

三、思考与建议

视障生因盲文和音频课程资源的缺乏，教育质量与学习体验受到了严重影响。为了解决这一问题，需要政府、教育机构和社会各界的共同努力。以下是笔者的改进建议。

（一）多方协作

要有效解决视障生的教育资源匮乏问题，政府、非政府组织、教育机构和技术公司需要紧密合作。政府可以通过政策支持和资金投入，为资源开发提供保障，如投入专项资金用于盲文和音频资源的研发和推广；非政府组织可以发挥其专业优势，提供技术和知识支持，如盲人协会可以提供专业的建议和反馈；教育机构可以结合教学需求，提供相应的课程内容，确保资源的实用性和针对性；技术公司可以利用其技术优势，提供高效的技术解决方案，如开发适配视障生使用的软件和硬件设备。

（二）制定标准

制定盲文和音频资源的标准是确保资源质量和一致性的关键。标准应涵盖盲文教材的格式、音频教材的音质等方面。盲文教材应符合国际盲文出版标准，确保视障生可以轻松阅读和理解。音频教材应确保清晰的音质，特别注意对视障生的适配性。标准化的资源不仅有助于提高资源的质量，还能确保不同机构和组织开发的资源具有一致性，便于学生使用。

（三）加强教师培训

教师在使用和制作盲文和音频资源时，须具备相应的技能和知识。因此，对教师进行专门的培训是非常必要的。培训内容应包括如何制作和使用盲文教材、如何录制和编辑高质量的音频教材等。教师还应学习如何根据视障学生的特殊需求进行个性化教学，如掌握触觉教学法和声音教学法。通过培训，教师能够更好地利用和制作教育资源，提高教学效果。

（四）利用先进技术

人工智能和机器学习技术可以在资源开发中发挥重要作用。利用这些技术，可以开发自动盲文翻译软件和智能音频制作工具，大大降低资源制作的成本。例如，自动盲文翻译软件可以快速将文本内容转换为盲文，减少了人力成本和时间消耗。这些技术的应用，可以提高资源的覆盖面，使更多的视障生受益。

（五）建立资源共享平台

建立一个集中化的盲文和音频资源共享平台，可以方便教师、学生和家长获取和使用这些资源。平台应具备强大的搜索和下载功能，用户可以根据课程、年级、学科等条件快速查找所需资源。此外，平台应提供在线学习功能，学生可以在线浏览和学习资源，提高学习的便利性。为了保障用户的使用体验，平台还应提供技术支持和使用指南，帮助用户解决使用过程中遇到的问题。

（六）建立用户反馈机制

建立用户反馈机制，收集学生和教师在使用过程中遇到的问题和建议，对于持续改进资源的质量和适用性至关重要。通过定期调查和访谈，了解用户的真实需求和使用体验，及时调整和优化资源内容和形式。例如，如果发现某些盲文教材的内容不易理解，可以根据反馈进行修改和改进，确保其易用性和有效性。

（七）定期更新和优化资源

应在教育政策和课程大纲的指导下定期更新和优化资源，确保其内容和形式与当前教育需求和技术发展相匹配，确保其与时俱进。此外，技术的不断发展也要求资源形式不断优化，例如，可以将虚拟现实和增强现实技术应用到盲文和音频资源中，提高资源的互动性和体验感。

通过以上建议的实施，可以逐步改善盲文和音频课程资源的匮乏问题，为视障生提供更丰富、更优质的教育资源，促进公平和包容性教育的实现。

总之，当前，我国高等特殊教育慕课资源极度缺乏，限制了视障大学生和听障大学生的学习和发展。因此，需要从政策、技术、师资培训等多个方面加强投入，推动高等特殊教育慕课资源的建设和普及。政府和教育部门应制定专项政策，提供充足的资金支持和资源倾斜，鼓励高校和研究机构开发适用于视障和听障生的课程资源。通过设立专项基金和项目，激励更多教育机构和技术公司参与特殊教育慕课资源的开发，提升技术的适用性和用户体验，使残障大学生能够更加便捷地使用慕课平台。教师是高等特殊教育慕课资源开发和实施的核心力量。教师等在建设课程资源过程中应注重课程内容的科学性和系统性，确保课程能够循序渐进地帮助残障大学生掌握知识和技能。应加强对特殊教育教师的培训，提升他们在慕课教学方法和技术应用方面的能力。培训内容可以包括如何设计适合残障大学生的课程内容、如何使用辅助技术进行教学、如何进行在线课堂的管理和互动等。通过定期举办培训班、研讨会和交流活动，促进教师之间的经验分享和共同进步。此外，还可以鼓励教师参加国际交流与合作，学习先进的教学理念和方法，提升自身的教学水平和专业素养。高等特殊教育慕课资源的建设和普及需要全社会的共同努力。企业、非营利组织和社区可以通过捐赠、志愿服务、合作开发等方式，支持特殊教育慕课的发展。通过开展宣传和推广活动，提高公众对特殊教育的认识和关注，营造全社会关心和支持特殊教育的良好氛围。此外，媒体也可以发挥重要作用，通过报道和宣传，呼吁社会各界关注并支持特殊教育，推动相关政策的制定和实施。

第五章　其他课程资源在教学中的运用

第一节　课程大纲

一、课程大纲的重要性

在特殊高等教育中，英语课程大纲的制定和实施是确保教学质量和实现教育目标的基石。课程大纲明确教学目标，规范教学内容，指导教学方法，还能有效评估学习效果。

首先，明确教学目标是课程大纲的首要任务。课程大纲帮助教师设定具体且可实现的教学目标，确保课程设计以提升学生的英语综合应用能力为核心。对于特殊高等教育的学生而言，个性化需求尤为重要。教师应根据学生的具体情况，设定个性化的学习目标，确保每个学生都能获得最大的学习成效。这种个性化学习目标的设置不仅能帮助学生在学习过程中获得成就感，还能提高他们的学习兴趣和积极性。

其次，课程大纲在规范教学内容方面发挥着关键作用。课程大纲确保教学内容具有系统性和连贯性，避免教学的随意性和碎片化，从而保证教学过程的合理性和科学性。一个科学合理的课程大纲应涵盖基础知识、专业知识和扩展知识，确保学生在各个方面都有所涉猎和掌握。这种全面覆盖不仅有助于学生建立坚实的基础，还能拓宽他们的知识面，提高其综合素质。

再次，在指导教学方法方面，课程大纲同样至关重要。课程大纲提供多种教学方法的指导，帮助教师根据不同学生的需求选择合适的教学策略。例

如，多媒体教学、互动教学等方法可以提高课堂的互动性和学生的参与度。课程大纲还鼓励教师创新教学方式，利用现代技术和资源，如虚拟现实技术、在线课程等，提高教学效果。这种创新不仅能激发学生的学习兴趣，还能适应不同学生的学习风格和需求，提高学习效率。

最后，评估学习效果是课程大纲的另一个重要功能。课程大纲为学生的学习效果提供科学、客观的评估标准，有助于全面考查学生的学习成果。通过评估，教师可以及时了解学生的学习进度和效果，发现问题并进行调整。课程大纲注重学习的过程性评估，强调及时反馈和调整教学计划，确保教学目标的实现。过程性评估不仅关注学生的最终成绩，还关注他们在学习过程中的努力和进步，这对学生的长期发展具有重要意义。

二、课程大纲实例

针对残障大学生的英语课程大纲是根据他们的特点和英语水平，遵循特殊教育的法律法规和政策制定的，符合相关教育标准和规范。残障大学生英语课程大纲明确了教学目标，规范了教学内容和教学进度，指导了教学方法，有利于对残障大学生的学习效果进行考核与评估。下面以笔者所在学校的“大学英语Ⅰ（视障）”课程大纲为例进行详细介绍。

“大学英语Ⅰ（视障）”课程大纲

（一）课程基本信息（Course Information）

课程代码（Course Code）	ENG160010T	学时（Credit Hours）	64 学时 /16 周	学分（Credits）	4 学分
课程名称（Course Name）	大学英语Ⅰ（College English Ⅰ）				
课程类别（Course Type）	通识教育必修课程				

续表

课程代码 (Course Code)	ENG160010T	学时 (Credit Hours)	64 学时 /16 周	学分 (Credits)	4 学分
授课对象 (Audience)	视障类本科生				
授课语言 (Language of Instruction)	英语				
开课院系 (School)	外语部				
先修课程 (Prerequisite)	普通高中英语				
课程简介 (Description)	"大学英语（视障）"是为特教学院视力障碍大学本科生开设的一门基础必修课程，是通识教育的一个重要组成部分，兼具工具性和人文性，对于促进大学生知识、能力与素质的协调发展具有重要意义。课程以外语教学理论为指导，以英语语言知识与应用技能、学习策略和跨文化交际为主要内容，并集多种教学模式和教学手段为一体。 "大学英语（视障）"课程教学目标是进一步提高学生英语听、说、读、写、译等语言综合应用能力，增强跨文化交际意识和交际能力，同时发展自主学习能力，提高综合文化素养，培养人文精神和思辨能力，使学生在学习、生活和未来工作中能够恰当有效地使用英语，满足国家、社会、学校和个人发展的需要。课程注重培养学生对中国文化的理解和阐释能力，服务中国文化对外传播。 "大学英语（视障）"课程体系分为"大学英语Ⅰ（视障）"、"大学英语Ⅱ（视障）"、"大学英语Ⅲ（视障）"和"大学英语Ⅳ（视障）"，共四个级别，在第一学期至第四学期完成。四个级别紧密联系、循序渐进，共同完成课程教学目标。"大学英语Ⅰ（视障）"是课程体系中的第一门课程，先修课程为"普通高中英语"课程。入学时，学生应已掌握了基本的英语语音和语法知识以及《高中英语新课标》课程合格所要求的单词及短语，并在听、说、读、写等方面受过初步训练。后续课程是"大学英语Ⅱ（视障）"、"大学英语Ⅲ（视障）"和"大学英语Ⅳ（视障）"				

续表

课程代码 (Course Code)	ENG160010T	学时 (Credit Hours)	64 学时 /16 周	学分 (Credits)	4 学分
课程简介 (Description)	College English, a basic required course for visually impaired non-English major undergraduates of Special Education College, constitutes an important part of general college education. It is both instrumental and humanistic, and is of great significance for the coordinated development of college students' knowledge, ability and quality. Guided by foreign language teaching theories, the course focuses on English language knowledge and skills, learning strategies and cross-cultural communication, and integrates a variety of teaching modes and methods. College English aims to further improve students' comprehensive language application ability in listening, speaking, reading, writing and translating, enhance their cross-cultural communication awareness and competence, develop their independent learning ability, improve their comprehensive cultural accomplishment, and cultivate their humanistic spirit and critical thinking. The course enables students to use English properly and effectively in their study, life and future work and to meet the needs of the country, society, school and personal development. It places emphasis on cultivating students' ability to understand and interpret Chinese culture so as to serve the global dissemination of Chinese culture. The course system of College English includes four levels: College English Ⅰ, College English Ⅱ, College English Ⅲ and College English Ⅳ, which are expected to be completed in the first four semesters. The closely interlinked four levels follow the principle of gradual improvement and jointly accomplish the teaching objectives. College English Ⅰ is the first level in the curriculum system, with Regular High School English as its prerequisite. When they enter college, students should have mastered the basic knowledge of English pronunciation and grammar, as well as the words and phrases required by The New English Curriculum Criteria for Senior High School, and have received preliminary training in listening, speaking, reading and writing. The subsequent levels are College English Ⅱ, College English Ⅲ, and College English Ⅳ				

（二）学习目标（Learning Outcomes）

支撑的毕业要求	学习目标
沟通：能够就复杂的专业问题与业界同行及社会公众进行有效沟通和交流，包括撰写报告和设计文稿、陈述发言、清晰表达或回应指令，并具备一定的国际视野，能够在跨文化背景下进行沟通与交流（H）	1. 知识：能够基本听懂简单的英语授课内容；听懂课文中的简易故事，理解中心大意，抓住要点；能够根据材料回答问题；能够在高中基础上增加 250 个单词的词汇量
	2. 应用：能够用正确的语音、语调朗读及背诵；能够围绕课文话题进行简单的叙述或描述；能够运用所学词汇、语法知识翻译汉语短句
	3. 整合：能够结合单元主题，整合各项语言技能，完成简单的交际任务
个人与团队：积极发挥个人作用，在不同的团队以及多学科交叉的环境中承担个体、团队成员以及领导者的角色（L）	4. 情感：具有团队合作意识，能够与同学进行初步的合作学习，愿意与同学分享观点
职业伦理：具有人文修养与科学素养、社会责任感，能够处理好个人利益、单位利益与公共利益的关系，在专业实践中理解并遵守职业道德和规范，履行责任，践行社会主义核心价值观（M）	5. 价值：意识到语言学习的重要性；树立正确的英语学习观，合理规划大学英语学习；初步认识社交等方面的中西文化差异；认同礼貌、善良、勇敢等方面正确的价值观
终身学习：具有自主学习和终身学习的正确认识，有不断学习和适应发展的能力（M）	6. 学习：具有使用恰当的英语学习策略的意识，能够初步养成使用线上线下资源自主学习的意识，通过多渠道获取英语学习资源

（三）课程内容、进度安排及要求（Class Schedule & Requirements）

单元	学时安排				课程内容	学习目标					
	理论	实践	上机	小计		1	2	3	4	5	6
导论	1			1	课程要求、考核方法、学习策略、学习资源介绍等	√				√	√

续表

单元	学时安排				课程内容	学习目标					
	理论	实践	上机	小计		1	2	3	4	5	6
Unit 1 A Private Conversation	4			4	生词解读，纠正发音；与主题相关的词或词组；关键句型；简单陈述句的句子成分；一般过去时、过去进行时、一般现在时；习语辨析；公德意识	√	√			√	√
Unit 2 Breakfast or Lunch	4			4	生词解读，纠正发音；与主题相关的词或词组；关键句型；it 做虚拟主语时的用法；一般现在时 vs 现在进行时；频率副词的排序和位置；用餐习俗	√	√	√	√	√	√
Unit 3 Please Send Me a Card	4			4	生词解读，纠正发音；与主题相关的词或词组；关键句型；“动词 + 双宾语”结构及其转换；一般过去时；社交礼仪	√	√		√	√	√
Unit 4 An Exciting Trip	4			4	生词解读，纠正发音；与主题相关的词或词组；关键句型；现在完成时的时间状语标志词；现在进行时和现在完成时；出国旅游注意事项	√	√		√		√
Unit 5 No Wrong Numbers	4			4	生词解读，纠正发音；与主题相关的词或词组；关键句型；与 way 有关的短语、易混词组；一般过去时和现在完成时；形容词 spare 和动词 spare 辨析；通信工具的发展	√	√		√		√

续表

单元	学时安排				课程内容	学习目标					
	理论	实践	上机	小计		1	2	3	4	5	6
Unit 6 Percy Buttons	4			4	生词解读，纠正发音；与主题相关的词或词组；关键句型；名词的限定词（冠词、不定代词或短语）；与不同介词搭配而导致意义不同的动词短语；表示数量的不定代词或短语；善良的意义	√	√		√	√	√
Unit 7 Too Late	4			4	生词解读，纠正发音；与主题相关的词或词组；关键句型；过去进行时；常用介词用法；复合句中一般时和进行时，以及连词 when、while、as 的用法；恪守正道的信念	√	√	√	√	√	√
Unit 8 The Best and the Worst	4			4	生词解读，纠正发音；与主题相关的词或词组；关键句型；形容词和副词的比较级和最高级；跟 every 相关的复合不定代词；竞争	√	√		√		√
Unit 9 A Cold Welcome	4			4	生词解读，纠正发音；与主题相关的词或词组；关键句型；表达时间的介词（at，on，in；during，from...to/till，not...until）；复合不定代词（any，not...any = no）	√	√		√		√
Unit 10 Not for Jazz	4			4	生词解读，纠正发音；与主题相关的词或词组；关键句型；被动语态；名词的所有格；be made in/by/of/from 短语辨析；音乐类型	√	√	√	√		√

续表

单元	学时安排				课程内容	学习目标					
	理论	实践	上机	小计		1	2	3	4	5	6
Unit 11 One Good Turn Deserves Another	4			4	生词解读，纠正发音；与主题相关的词或词组；关键句型；各种动词时态；并列句和复合句中的连词；拒绝的心理机制	√	√		√	√	√
Unit 12 Goodbye and Good Luck	4			4	生词解读，纠正发音；与主题相关的词或词组；关键句型；一般将来时；勇敢的意义	√	√		√	√	√
Unit 13 The Greenwood Boys	4			4	生词解读，纠正发音；与主题相关的词或词组；关键句型；一般将来时；名词所有格	√	√		√		√
Unit 14 Do You Speak English	4			4	生词解读，纠正发音；与主题相关的词或词组；关键句型；过去完成时；不定代词；与人沟通的方法	√	√		√		√
Unit 15 Good News	4			4	生词解读，纠正发音；与主题相关的词或词组；关键句型；直接引语与间接引语的转换；nervous 与 irritable 辨析	√	√		√	√	√
总结	3			3	口语考试，期末复习	√	√	√	√		
合计	64			64							

（四）考核方式（Grading）

本课程为考试课。

考核方式		考核内容	占比	总成绩占比	学习目标					
					1	2	3	4	5	6
过程性考核	出勤及课堂参与	按时到课，课堂回答问题、参与小组活动、课堂汇报、随堂测验等的质量	15%	60%					√	

续表

<table>
<tr><th colspan="2" rowspan="2">考核方式</th><th rowspan="2">考核内容</th><th rowspan="2">占比</th><th rowspan="2">总成绩占比</th><th colspan="6">学习目标</th></tr>
<tr><th>1</th><th>2</th><th>3</th><th>4</th><th>5</th><th>6</th></tr>
<tr><td rowspan="5">过程性考核</td><td>作业与自主学习</td><td>对各单元知识的应用情况</td><td>35%</td><td rowspan="5">60%</td><td>√</td><td>√</td><td>√</td><td>√</td><td>√</td><td></td></tr>
<tr><td>期中考试</td><td>对一单元到七单元的基本语言知识和基本技能的记忆、理解与应用</td><td>20%</td><td>√</td><td>√</td><td></td><td></td><td>√</td><td></td></tr>
<tr><td>阶段测试</td><td>对一单元到十单元的基本语言知识和基本技能的记忆、理解与应用；课文朗读或背诵</td><td>20%</td><td>√</td><td>√</td><td></td><td></td><td>√</td><td></td></tr>
<tr><td>口语测试</td><td>对一单元到十五单元课文进行朗读或背诵</td><td>10%</td><td>√</td><td>√</td><td>√</td><td></td><td>√</td><td></td></tr>
<tr><td colspan="2">小计</td><td>100%</td><td></td><td></td><td></td><td></td><td></td><td></td></tr>
<tr><td>终结性考核</td><td>期末考试</td><td>对所有单元基本语言知识和语言技能的理解与应用</td><td>100%</td><td>40%</td><td>√</td><td>√</td><td>√</td><td></td><td>√</td><td></td></tr>
<tr><td colspan="3">合计</td><td colspan="8">100%</td></tr>
</table>

（五）教材和参考资料（Textbooks and Other Materials）

1. 教材

《新概念英语 2》新版，亚历山大（L. G. Alexander）、何其莘，外语教学与研究出版社，1997 年 10 月第 1 版。

2. 参考资料

（1）《大学英语教学指南》，教育部高等学校大学外语教学指导委员会，2016 年。

（2）《朗文当代高级英语辞典》，英国培生教育出版有限公司，外语教学与研究出版社，2004 年 8 月第 2 版。

（3）《实用英语语法》（最新版），张道真，外语教学与研究出版社，2004 年。

（4）在线资源，包括各种英语学习网站音频资源等。

（六）其他说明（Additions）

学期缺课累计达该课程教学学时三分之一者、学期缺交作业达三分之一者或旷课达 5 课时者，取消考试资格。

“大学英语 I（视障）”课程大纲详细列出了课程的基本信息，包括课程代码、学时、学分、课程名称、课程类别、授课对象、授课语言、开课院系和先修课程。这些信息明确了课程的基础设置和目标受众，特别是针对视障本科生这一特殊群体，体现了课程的专业性和针对性。课程简介部分清晰地阐述了该课程的定位和教学目标，重视语言知识与技能的培养，同时注重学生学习策略和跨文化交际能力的发展，强调工具性和人文性的结合，为课程设计和实施提供了明确的方向，有助于促进学生的全面发展。学习目标部分详细列出了该课程支撑的毕业要求和具体的学习目标，涵盖知识、应用、整合、情感、价值和学习等多个方面，体现了该课程对学生综合能力的全面培养，有助于教师在教学过程中有的放矢，同时也为学生提供了明确的学习路径。课程内容和进度安排详细且合理，涵盖一个导论单元和 15 个学习单元。每个学习单元的内容设计都包含生词解读、发音纠正、关键句型和语法知识等，内容丰富全面，教学进度安排循序渐进，确保学生在掌握基础知识的同时不断提升语言应用能力，注重理论与实践的结合，通过丰富的教学活动和课堂讨论，帮助学生在实践中巩固所学知识。考核方式包括过程性考核和终结性考核，综合考核学生的学习效果。过程性考核占总成绩的 60%，包括出勤、课堂参与、作业、自主学习、期中考试、阶段测试和口语测试等；终结性考核即期末考试，占总成绩的 40%。这种综合考核方式能够全面评估学生的学习效果，既关注学生学习过程中的表现，又考查学生最终的学习成果，科学合理。

总体而言，“大学英语 I（视障）”课程大纲设计科学合理，充分考虑了视障生的特殊需求和学习特点，明确了教学目标，规范了教学内容，指导了教学方法，并提供了科学的评估标准，为提高教学质量和学生的综合素质提供了有力保障。该课程大纲有助于提升视障生的英语应用能力，使他们在未来的学习、生活和工作中能够恰当、有效地使用英语，充分体现了教育公平和个性化教学的理念。

第二节 教 案

教案是基于课程大纲的具体教学计划，是将课程大纲中的学习目标和课程内容细化为每一节课的教学方案。课程大纲提供方向和框架，教案细化和具体化课程大纲的内容，而教学则是教案的实施。教案包括教学目标、教学内容、教学方法、教学步骤和评估方式等详细信息，指导教师的课堂教学活动。在教学过程中，教师按照教案的设计进行授课，通过各种教学方法和活动，帮助学生理解和掌握课程内容。有效的教学能够实现课程大纲设定的目标，提升学生的综合素质和能力。

一、标准化教案

标准化教案通过统一的教学内容和评价标准，帮助教师为学生提供一致的学习体验，确保学生能够在平等的基础上接受高质量的英语教育。以下为“大学英语Ⅱ（听障）”一节课（45 分钟）的标准化教案示例。

大学英语 II（听障）

Unit Title	Unit 12 Goodbye and Good Luck
Teaching Objectives	1.To master the key words, phrases and some useful sentence patterns in the text 2. To understand the structure of the text 3. To grasp the strategies for learning English 4. To tell the story

续表

Unit Title	Unit 12 Goodbye and Good Luck
Teaching Contents	★ sail v. 航行 ① vi.（船）航行，扬帆行驶 The ship is sailing for New York. ② vi.（人）乘船航行 I want to sail around the world. ③ n. 帆，篷 This boat has white sails. ★ harbour n. 港口 port n. 港口 air port 航空港 ★ proud adj. 自豪，自满 be proud of 以……为自豪，为（某人）感到自豪 Parents are proud of their children. pride n. 自豪 take pride in 以……为自豪 ★ important adj. 重要的 importance n. 重大 【课文讲解】 1.We'll meet him at the harbour early in the morning. 在表示时间的短语 in the morning，in the afternoon 等前面可以加上 early，late 等副词，以便确切地表示时间。 early in the morning 一大早 late in the afternoon 傍晚 2.It has sailed across the Atlantic many times. across 是对某个细长物“横切、横断、横渡”等，尤指河流、马路、海洋等；过桥用 over。 the Atlantic =the Atlantic Ocean 大西洋 once，twice，three times... 表示次数的时候，一定不能加 for I do something twice. 3.Captain Alison will set out at eight o'clock，so we'll have plenty of time. set out/set off/begin something 出发，动身 plenty =enough 相对多，充足的，足够的 plenty of 足够多的…… I have plenty of money. a lot of 指客观上的多 4.We'll see his boat and then we'll say goodbye to h im.

续表

Unit Title	Unit 12 Goodbye and Good Luck
Teaching Contents	see = visit 参观 Can I see it? say goodbye (to sb.); say hello (to sb.); say sorry (to sb.) I said hello to him this morning. You must say sorry to somebody. 5.He will be away for two months. 瞬间动词不是不能用完成时态，而是不能与一段时间连用。如果要与一段时间连用，就要将其变为“系表结构”，即“be + 形容词或介词短语”构成
Teaching Focus	一般将来时 1.一般将来时表示将要发生的动作或存在的状态 2.一般将来时的结构 ①基本结构：shall/will + 动词原形 shall 常用在第一人称 I 或 we 的后面，而 will 可用于所有人称，缩略为 'll，否定式中，will not 可缩略为 'll not 或 won't，shall not 缩略 shan't（在美语中很少用 shall） ② be going to do sth./ be gonna do sth.（美语） 打算作某事 be going to 与 will 一般可以互换，但与打算无关的句子，will 与 be going to do 不能互换。 I'll miss you. 我会想你的。（不能用 be going to） He'll lose. 他要输了。（不能用 be going to） I'll be sixteen years old next year. 我明年就 16 岁了。（不能用 be going to） ③ be + to do sth. 表示计划、安排作某事或用来征求意见 I am to have a holiday. ④ be about to do sth. 即将作某事 ⑤ will be doing 表示将要作某事 ⑥ be doing（瞬间动词）用现在进行时表示将来时态 用现在进行时表示将来的动词有：go，come，arrive，leave，die，land，join ⑦ be 的一般现在时表示将要发生 If it rains... 【Special Difficulties】 be+ 副词构成的表语 动词 be 与不同的副词连用意义不同，短语意义主要由副词的意义决定： be in 在家；be out 出去；be away 离开；be on 上映；be back 回来；be over 结束；be up to sth. 胜任某件事情，能够作某件事

续表

Unit Title	Unit 12 Goodbye and Good Luck
Teaching Difficulties	review of tenses the simple future
Duration	warm up（5min） grammar/notes on the Text Task 1+ Task 2...（20min） reading/translating/writing/vocabulary（15min） summary and assignment（5min）
Teaching Approaches	watching，discussing，performing and evaluating

Teaching procedures:

Ⅰ. Warm up（5 min）

1. The teacher will begin with a brief self-introduction.

2. Get the students to finish some tasks.

Ⅱ. Reading/Translating/Writing/Vocabulary/Grammar/Notes on the Text Task 1+ Task 2...（20min）

Ⅲ. Group work（10min）

Topics for discussion：

Do you think it's a good idea to lend money to your friends? Why/Why not?

Would you lend money to a stranger? Why/ Why not?

In what ways can we help other people?

Ⅳ. Summary and Assignment（5min）

Summarize the teaching contents of the lesson.

Assignment：Summary writing

二、个性化教案示例及分析

标准化教案提供了一致性和公平性，确保所有学生接受相同的教学内容和评价标准，然而无法出色完成针对目标群体的具体教学任务。个性化教案则针对学生的兴趣、水平和学习风格进行调整，能够更有效地激发学生的学习兴趣，提高学习效果，满足个体需求，促进学生的全面发展。同时，个性化教案灵活性强，能够根据反馈及时调整，发挥每个学生的潜力，培养出多样化的人才。下面以笔者团队在特殊教育教学中两节课的完整教案为例进行详细介绍。个性化教案一是针对视障生的网络授课教案，个性化教案二是针对听障生的现场授课案例。

个性化教案一：

一、任课教师基本信息 任课教师：都老师 所在教学单位：外语部
二、课程基本信息 课程名称：大学英语Ⅱ 课程类型：通识教育必修课 学时学分：64 学时 /4 学分 面向学生：2019 年级针灸推拿专业、音乐专业 网络教学方式：云班课平台、腾讯会议、班级微信群、批改网 时间：第八周第一次课（周二第 3、4 节） 教材：《新概念英语 2》第 23 课 A new house　新居
三、教学目标与教学内容 （一）教学目标 1. 学生理解、掌握本课生词和短语。 2. 学生能够正确使用一般现在时和过去时。 3. 学生能够正确进行直接引语和间接引语的转换。 4. 通过英文字谜活动，学生能够思考中西方文化的差异，提升文化自信。 （二）教学内容 1. 预习提问。 2. 词汇、短语解读。 3. 一般现在时和过去时回顾。 4. 直接引语与间接引语转换训练。 5. 课程思政：汉英差异，中西方文化差异

续表

四、课前准备 （一）准备学生的预习材料 本学期视障生手里没有盲文教材，也没有在统一平台上传的电子版教材，需要任课教师自行准备电子版教材以及其他教学资源，提前发送给学生进行课前预习。本节课的预习材料包括《新概念英语2》第23课文本，英式和美式英语课文音频，课文精讲视频，课后阅读理解及词汇、语法练习。 （二）利用教学平台 本学期选择使用云班课平台、腾讯会议和班级微信群三个教学平台。学生在云班课平台签到、完成预习作业、进行测试以及开展课堂活动。此外，课前预习资料的课后练习部分需要将符合要求的Excel表格上传至平台。视障生听力比较敏感，使用腾讯会议App进行课堂教学。班级微信群在大一刚入学时即已建立，作为日常沟通以及传送其他学习资料的平台。课后练习部分需要再以Word文本形式发送到班级微信群，以便学生利用读屏软件读题、做题，再到云班课平台进行答题测试。 （三）发布教学安排 按照教学计划，每周两次课完成一课的教学内容。本次课在学生进行自主学习，做好课前预习后，在课堂上展开“提问、回答”（Q&A）环节，就课文文本所有内容进行提问、解答。本次课上任课教师会根据课文内容，开展英语语法、词汇的针对性训练。周四的课将进行基于课文文本的阅读理解抢答、句式训练等活动。经过前七周的课程学习，学生已经对课堂教学环节十分熟悉，因此，一般通知学生接收文件，学生均能够自觉回复。 （四）布置写作作业 本次课的写作作业在批改网进行提交。在布置作业之前，任课教师在批改网班级管理部分上传班级学生名单，在布置作业部分发布新作业。教师通过语音交流等方式指导学生注册、登录、上传写作作业。本次课的写作作业提交完成截止时间在第九周之后，写作作业全部提交完成后，将由教师结合平台自动评阅给出修改意见
五、课中活动 （一）云班课平台签到 视障生因为视力所限，一般签到时间开放相对较早，提前15分钟进行。本次课的签到时间限定为9：41—10：01，在云班课进行，9：55分课程开始时所有学生均已完成签到。教师在进入腾讯会议的快速会议后，将邀请链接和会议号发到班级微信群，邀请同学们进入会议。 （二）学生才艺展示（Talent show） 经过一段时间的检验，腾讯会议平台语音会议通话质量较高，很少有延迟情况，因此恢复之前课堂教学环节的5分钟才艺展示。本次课进行才艺展示的是针灸推拿班孙同学。他先给同学们进行简单科普，讲述量子是如何被发现的、量子是什么。由科普小故事引出“跳出固有思维圈”这个话题；然后通过提问“如何添加一笔将罗马数字IX变成6”引发思考，使同学们思考如何通过不同视角解决问题；最后表达自己的观点：解决问题的方法很多，抱着必胜的信念就可以

续表

（三）课堂问答环节 才艺展示结束后，开始针对课文的“提问、回答”环节。 1. 学生提问 学生针对词汇、语法、文本理解等各方面内容进行自由提问。在此环节，教师除了进行语音讲解之外，还可以利用腾讯会议的聊天功能进行简要的文字讲解，学生可以借助读屏软件进行识别。 2. 教师提问 学生自由提问结束后，教师根据课文内容进行有针对性的提问，引导学生深入理解课文文本内容。然后就课文生词、相关语法、句式等开展有针对性的口头练习。 （1）提问、讲解课文中的重点词汇、短语 通过提问、让学生口头翻译等方式进行重点词汇、短语用法的讲解。本次课所涉及的词汇、短语包括 surprise、to one's surprise、complete、strange 及感官动词等用法。 （2）提问、讲解课文中所涉及的时态 对于一般现在时、过去时以及过去完成时进行回顾、梳理，进一步巩固学生对于英语时态的理解和掌握。 （3）提问、讲解直接引语与间接引语的转换 新概念英语的课文都是记叙文小故事，在语言表达中涉及直接引语和间接引语的转换，这与英语时态关联紧密。做好两者之间的转换也有助于学生复述课文内容。 （4）总结性提问、讲解 就课文重点短语表达及重点词汇用法进行总结性提问、讲解。 3. 文化教育 本次课根据课文内容设计了英语猜字谜游戏。通过猜词引出英语和汉语的不同，引导学生理解中西方文化的差异，增强民族文化认同感，提升文化自信
六、课后任务 （一）发送课后复习资料，解答学生问题 本次课结束后，教师在班级微信群及时发送教学 PPT 以及存为文字版的材料，方便一些需要借助读屏软件的学生进行语音识别。学生有任何问题均可以通过班级微信群或者私信进行提问。 （二）准备周四课堂活动文字材料 教师除了设计好课堂活动之外，还需要将周四课堂活动环节的所有材料做成文字版，在课堂中将文字版发送到班级微信群，方便学生通过读屏软件进行语音识别，从而保证周四的课堂活动得以顺利进行。 （三）敦促学生为下次课堂活动做好准备 按照教学设计，周四的课会对本次课布置的课后练习进行讲解。因此需要提醒尚未在云班课平台进行测试的学生在周四上课前完成练习内容。学生需要参考教学材料复习本次课的内容，朗读及背诵课文，为周四课堂听力理解抢答活动以及句式训练活动做好准备

续表

七、教学反思
（一）平时做好教学准备，有备无患 2019 级视障生班自入学伊始就建立了英语课班级微信群，师生早已习惯通过班级微信群上传、下载各种教学资料，分享教学资源。针灸推拿班和音乐班各有 4 个学习小组，课外、课堂环节的小组活动已经常态化。由于平时课程设计就充分考虑到学生主要依赖听觉进行教学活动，因此，此次需要通过网络在线学习，并未对本门课程的教学活动造成很大影响。除了在教学环节中加大了学生课前预习的力度，课堂活动节奏稍微慢一些，整个教学流程并未进行很大调整。 （二）残障生教学工作需要教师更加细心、耐心 每个年级只有 2 个视障生班，1 名英语教师。因此，缺少团队合作，所有教学材料、教学资源都需要任课教师自行准备。很多时候在网络平台只能找到 PDF 版本的电子文档，但由于读屏软件尚无法识别该版本，还需要准备 Word 版本的材料。因此，任课教师需要进行文本转换、文字校对、文字输入等工作，这需要教师的耐心和细心。此外，在教学过程中会遇到教普通班没有遇到的情况。比如，之前线下教学布置作文时要求能够手写的学生交手写版，不能手写的交 Word 版，教师批阅完成后下发给学生。本次课的作文要求学生直接提交作文的电子版到批改网。教师开始在批改网直接布置作业时，发布了作文号，要求学生注册、登录、进行提交。学生在注册时因为输入信息较多而遇到问题。于是，任课教师按照格式要求将两个班 35 名学生的信息录入 Excel 表格后上传至批改网，重新发布作文，学生们才得以顺利注册成功。之后在提交作文的过程中还会出现各种问题，都需要教师耐心解答。 （三）充分发挥学习小组互助功能，调动学生的学习积极性 本门课 35 名学生中有针灸推拿班 19 名学生、音乐班 16 名学生。学生入学时英语成绩从 10 多分至 120 分不等。满分 150 分的英语试卷，有 10 多名学生的成绩低于 30 分。总体而言，针灸推拿班和音乐班学生英语水平差距明显。针灸推拿班的学生中英语水平较差的只有 1 名。音乐班的学生英语水平较好的只有 2 名。在差异如此大的班级中，任课教师除了要充分思考如何有效组织课堂教学，充分调动学生的学习积极性之外，发挥学习小组的互助功能也很关键。除了自己帮助英语水平较差的学生之外，任课教师要鼓励小组中水平较好的指导、带动水平较差的学生进行学习，保证所有人都取得进步。水平较好的学生对于教材内容要有更深入的学习和掌握，还要借助其他教学资源提升英语水平。中间水平的学生要立足于教材内容，查漏补缺，一步步跟着教学节奏提升英语水平。水平较差的学生通过教师、其他同学的帮助力争跟上教学节奏，在自己亟须提高的环节多投入时间进行训练。经过一个多学期的学习，2019 级的 35 名视障生已经形成了互帮互助的良好氛围。大家踊跃分享各种学习材料，在线教学期间仍然能够做到小组同学互帮互助，非常令人欣慰。 特教视障生是一个有朝气的群体，他们心怀理想和憧憬从全国各地来到学校。有些学生英语水平很差，但多给予他们鼓励，给予他们自我展示的平台，就能看到他们身上存在不同方面的闪光点。例如，有一名在英语课堂上回答老师问题时曾战战兢兢的学生现在可以充满自信地站在讲台前，在才艺展示环节给同学们清唱歌曲，在期末小组活动环节，能优雅自如地坐在钢琴前给其他同学伴奏。可见，教师能够传递给学生的知识也许有限，但能给予学生的激励和爱可以无限，而激励和爱可以极大程度地激发他们的潜能

【教案分析】都老师的教案课程目标明确且具体，教学内容设计合理、层次分明，课前准备工作详尽周到，课中活动安排紧凑且互动性强，课后任务明确且富有针对性，教学反思部分深入细致。都老师的教案展示了对视障生教学的细致和用心，通过现代化、多样化的教学平台和方法，极大地提升了学生的学习体验和效果。课程的各个环节从目标设定、内容设计、课前准备、课中活动到课后任务和教学反思，都体现出高水平的教学设计和实施，为其他教师提供了宝贵的参考和借鉴。

个性化教案二：

一、任课教师基本信息 主讲教师：孙老师
二、课程基本信息 课程名称：听障大学生英语 College English for the Hearing-impaired 授课内容：快速阅读与写作 Fast Reading and Writing 题目：One is Never Too Old to Learn
三、教学目的和要求 词汇层面：使用快速阅读技能找准主题句和定位关键词 阅读技巧层面：Skimming and scanning　快速阅读并回答问题 句法层面：句子 + 之“四联法”断句分析 思维层面：思维导图法与视频结合理解篇章 创新层面：利用学生自创微电影（根据课文内容改编），深度领悟“四联法” 文化教育层面：在阅读中融入“终身学习”的理念，做终身学习的意识者与践行者，实现知识的潜移默化
四、授课方法和教学手段 教学方法：任务驱动交互式教学法 教学手段：教材、多媒体、小组任务卡、柔软可投物等
五、教学重点和难点 教学重点：理解课文大意及主旨并能表达出来 教学难点：利用“四联法”在线即时造句、行文

续表

六、教学过程（45 mins）
（一）Warming-up（2mins） 热身引入主题
利用视觉传达专业学生的特点，启发式引导学生理解文章主题 Life-long Learning，并结合视觉传达专业学生良好的绘画功底，将主题以图片形式呈现在黑板上
（二）Reading（15mins） 阅读理解
1.“闪词”视觉和记忆强化，夯实基础。
涉及单词：receive 收到；inform 通知；former 前任的；headmaster 校长；retire 退休；mark 标明；album 相册，姓名册；occasion 场合；remark 表明，说；devote 投入
2. 手语翻译表达对课文的复述和理解，师生互动、生生互动
3. 观看课文视频（利用录屏获取到的课外资源）
4.“抛球”随机选择学生回答问题
A. Where did the writer receive the letter?
B. Who will retire next week?
C. What will the headmaster do after his retirement?
（三）Online Writing（25mins） 在线写作实操
1. 抓住动词，创设“四联法”，解决遣词造句中的难点
2. 将学生原创的微电影 *Gorgeous College Life* 引入教学，发现并领悟字幕中的“四联法”，夯实“四联法”识别
（1）College days /when we'll spend at least four years here/ will be the golden time in our life.
大学期间，我们将至少在这里度过四年，这将是我们生命中的黄金时期。
（2）There are many opportunities for us/ to explore the unknown.
我们有很多机会去探索未知。
（3）College is a great learning experience /and/ part of the process has taken place outside the classroom.
大学是很好的学习经历，课外学习也是这经历中的一种。
（4）Attending various kinds of activities/, you can make life- long friends as well as your first love.
参加各种各样的活动，我们不仅可以结交挚友，或许还可以收获初恋。
3. 小组活动：对乱序句子进行排序，巩固“四联法”
4. 利用小程序“腾讯共享文档”实时多人共同在线进行写作操练，运用“四联法”造句，尤其是复合句和复杂句，教师可在线纠错、批阅
（四）Summary and Assignments（3 mins） 总结并布置作业
1. 对本节课进行简要总结，帮助学生巩固所学内容
2. 布置作业
（1）写一篇 100 个单词左右的小作文“My Ideal Job”（我的理想职业），注意“四联法”的运用
（2）完成“灯塔阅读”中的两篇关于“Life-long Learning”（终身学习）的系列主题类阅读
（3）作业皆用“小管家”程序提交，利于展开教师评价和学生互评

续表

七、教学设计反思
1. 在教案设计过程中，我们进一步认识到教学是教师和学生共同合作的艺术。教师不仅需要设计出好的教学活动，更需要鼓励和引导学生有效实施并逐步获得教学目标要求的能力。 2. 在教学过程中融入精心设计的适合听障生的视觉材料和小组互动，更利于抓住学生的注意力，强化学习内容。由于经费有限，部分教具未能实现。 3. 教学大赛的内涵意义并不是教师们要在教学技能上分个高低，而是带着有一定特色的课程来展示，不断寻求教学设计、教学策略、教学方法等方面的突破和超越，形成具有专业特色的，适合学生特点的，成果显著的教学方法及体系

【教案分析】孙老师的教案是获得校级教学创新大赛二等奖的参赛课程授课环节的教案。此教案设计科学合理，充分考虑了听障生的特殊需求，教学目标明确，内容丰富，方法创新，互动性强。通过多种教学手段和方法的运用，不仅提升了学生的语言能力，还培养了他们的思维能力和创新能力。同时，文化教育的融入，帮助学生树立终身学习的理念，具有深远的教育意义。这一教案展示了教师对学生深切的关怀和教育的热忱，充分体现了教学创新和专业特色。

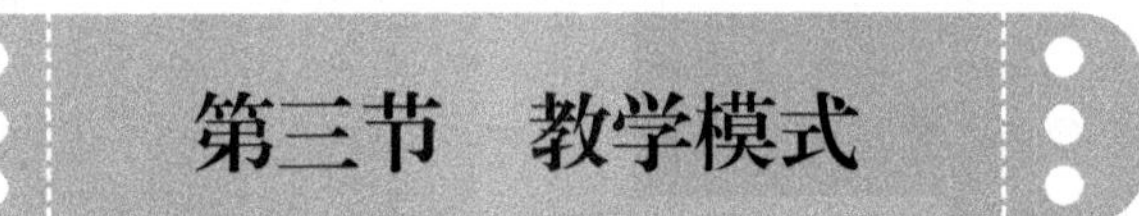

第三节　教学模式

一、厘清概念

（一）包容性教育理念

包容性教育理念（Inclusive Education）是一种旨在满足所有学生，无论其身体、智力、社会经济背景、情感、语言或其他差异，都能在普通学校系统内接受高质量教育的理念。这种教育理念强调不应将任何学生排除在优质

教育之外，特别是那些处于边缘化、弱势或特殊需要的学生。包容性教育的目标是创造一个无障碍和接纳的学习环境，让所有学生都能够充分参与并实现其潜能。其核心要素包括尊重多样性，个性化学习，消除或最小化学习障碍，以便所有学生都能自由地学习和参与。

（二）成果导向教育理念（Outcome-Based Education，OBE）

OBE 理念的核心在于明确教育的目标和成果，确保学生能够达到这些预定的学习成果。

OBE 理念的主要特点：教育的设计和实施都围绕预定的学习成果展开，这些成果清晰地定义了学生完成学习后应当掌握的知识、技能和态度；强调以学生为中心，关注每个学生的学习需求和进步，鼓励个性化学习路径；在教学方法、评估方式等方面注重灵活性，以适应不同学生的学习风格和需求；通过定期评估学习成果和反馈机制，不断调整和改进教学策略和内容，以提高教育质量；重视培养学生的实际能力，如思维能力、解决问题的能力、团队合作能力和创新能力等，而不仅仅是知识的传授。此外，OBE 理念要求教育机构建立支持学生学习的资源和环境，确保教育质量的持续提升。OBE 教育理念还要求教育者从学生将要达到的学习成果出发，反向设计课程内容、教学方法和评估标准。

二、OBE 理念指导下的包容性教学模式

新版《大学英语教学指南》提出，大学英语课程是高等学校人文教育的一部分，兼有工具性和人文性双重性质。大学英语课程应根据本科专业类教学质量国家标准，服务于学校的办学目标、院系人才培养的目标和学生个性化发展的需求。这种个性化教学理念审时度势，提出大学英语教学应贯彻分

类指导和因材施教的原则，适应不同层次和不同要求的学生，避免大学英语教学出现“同质化”的“千校一课”局面。不同学校、不同院系或不同学科的大学英语教学在语言技能的选择上应有不同侧重，依据学生需要，加强基础，拓宽专业，提高学生的英语综合能力，使知识学以致用。高等特殊教育英语课程具有更显著的特殊性和特质化。包容性教学模式能够更好地兼顾这种特殊性与特质化。其包容性特点主要体现在课程教学目标的设定、教学活动的展开、课程资源的开发利用、无障碍技术的辅助以及教学效果的评估反馈几个方面。

（一）教学目标的设定

在多元化的英语教学中，教学目标的设定有助于整合不同的教学资源和活动，确保教学内容的连贯性和系统性，使学生能够在不同的教学环境中获得一致的学习体验，有助于激发学生的学习动机，促进个性化学习，确保教学质量和效果。

（二）教学活动的展开

为达成教学目标，在教学过程中采取“学生为中心，目标为导向，无障碍技术辅助的线上线下结合的个性化教学”的教学活动模式。

教师要主导学生全员全程参与课堂教学过程，如学生分组互动、讨论等。听障大学生视觉敏锐，普遍拥有较强的求知欲，喜欢交流，不惮合作，所以课堂教学方面，要充分利用视觉材料进行小组学习、同伴学习、小组合作项目等，调动学生的学习兴趣，增加课堂参与度，培养学生的团队合作能力和社交技能，帮助听障生更好地理解英语知识，实现知识和价值内化。

总之，学习是长久的事情，不是淘汰和竞争，而是合作多赢，所以，小组互动可以作为常规的教学手段，学生对这种分组任务型小组合作的学习方

式评价较高。

（三）课程资源的开发利用

为满足特殊学生的特殊需要，深化特殊教育课程教学改革，丰富特殊教育教学资源，实现育人为本的目标，进一步提高特殊教育质量，要在掌握残障学生的英语学习基础、学习特点及学习困难的前提下，为残障大学生量身定制自编教材，以利于学生掌握知识、感受文化、汲取力量、健全人格、全面发展。

（四）无障碍技术的辅助

在课堂教学方面，应借助无障碍技术手段辅助教学。目前主要的无障碍教学设备及设施：自动语音识别（ASR）软件，“音书听见”和“科大讯飞”等软件通过在 App 中嵌入语音识别及语音合成等技术，用于听障生教学，实现了沟通无障碍，学生的学习效率随之大幅提升；视频通话和远程字幕服务，使用视频通话软件（如 Zoom、Skype 等）时，可以开启字幕功能，或者使用专门的远程字幕服务，为听障生提供实时字幕；个性化学习平台，这些平台可以根据学生的具体需要提供定制化的学习资源和学习计划，包括为残障大学生提供的特定材料；可视化学习工具，图表、图像、动画等可视化工具可以帮助残障大学生更好地理解抽象概念和复杂信息。

通过这些技术的应用，残障大学生可以更加平等地参与学习和实践活动，提高学习效率和学习体验。随着技术的不断进步，未来将有更多创新的无障碍学习工具出现，为他们提供更多支持。

（五）教学效果的评估、反馈

在 OBE 理念下，评估是一个持续的过程，旨在监测学生学习成果的达成程度。对于残障大学生，教师可以采用多种评估方法，如书面考试、项目作业、口头报告（可能通过手语进行）、作品集、同伴评价、自我评价等，全面、公平地评估每位学生的语言知识和技能水平、学习成果、学习能力、学习过程、策略使用、自我反思等方面。并及时反馈给学生，帮助学生了解自己的学习进展和存在的问题，及时调整学习策略。教师还应对教学内容、方法和评估体系进行持续的反思和改进，以更好地满足学生的学习需求，提高教学效果。

三、包容性教学模式的发展方向及建议

从学生角度来看，考虑到他们的特定需求和对英语的掌握速度，教师可以辅助他们制订个性化学习计划，包括一对一辅导、特殊的学习材料和额外的考试时间等，还要跟踪学生的学习进度并提供个性化反馈。

从教师角度来看，要培养更多有特殊教育资质的教师，为教师提供有关包容性教学实践、多元文化教育、差异化教学策略的培训和专业发展机会。教师和其他相关教育工作者需要接受持续的专业培训，以提高他们的教育能力，帮助他们更好地理解和满足学生的多样化需求。

从学校角度来看，在实际教学过程中，建议有条件的院校使用智慧教室。在智慧教师里，可以便捷地使用飞屏、手写、分组、资源共享等功能，实现语音转换和数字化平台内嵌，可以大大减少师生交流的障碍，增加教学互动，实现教学效果最大化。

从社会环境来看，应与学生的家庭和社区建立合作伙伴关系，强化社区和家庭参与，以支持教育过程。

通过这些举措，不仅可以帮助残障大学生克服学习障碍，实现他们的学业目标，而且可以为他们提供成功的机会，增强他们的自信心、自我价值感和社会参与感。

综上所述，包容性教学模式通过多样的个性化教学，鼓励学生之间的交流、分工与合作，有助于提高学生的学业成绩及综合素质，有助于学生

的社会情感发展。通过包容性教学，学生可以学习到更多关于不同文化和背景的知识，有助于减少歧视和偏见。在 OBE 理念下的包容性大学英语教学更加注重学生的实际学习成果，促进学生的全面发展，为学生的未来学习和职业发展奠定坚实的语言基础。残障大学生英语教学模式还有很大的探索空间，其教学改革也需要更多的实践和积累，会呈现更多的研究可能性与创新性。

第六章　反思与展望

第一节　课程资源建设研究反思

一、课程资源建设与教学实践中遇到的问题

在残障生英语课程资源建设与教学实践中，面临着一系列问题。这些问题不仅影响了课程的质量和效果，也阻碍了残障生的学习和发展。

（一）针对残障学生的研究不足

当前，针对残障学生的教育研究仍显不足。尽管近年来特殊教育得到了越来越多的关注，但针对残障生的专门研究仍然较少。许多教育机构和研究人员在制定课程资源时，缺乏对残障生学习特点、心理需求和实际困难的深入了解。这使教育工作者在实际教学过程中缺乏科学依据和指导，无法根据残障生的具体情况进行有针对性的调整和改进，导致课程内容和教学方法无法有效满足残障生的需求，难以实现预期的教育目标。

此外，现有的研究往往侧重于残障生的心理健康、社交能力等方面，而对其具体的学科学习，特别是语言学习的研究较为缺乏。这种情况导致教育资源开发者在设计课程时，难以提供符合残障生学习特点和需求的内容。为了解决这一问题，需要加强对残障生在语言学习过程中的认知特点、信息获取方式和学习策略的研究，形成系统化、科学化的研究成果，以指导课程资源的开发和应用。

（二）教师专业能力不足

专业的特殊教育教师在数量上存在不足，教学能力也有待提高。许多教师缺乏专门针对残障生教学的培训，无法熟练掌握盲文、手语等必要技能，或是不熟悉如何运用现代教育技术辅助教学。此外，教师对于残障生的心理辅导和个性化教学策略的掌握也不够全面，难以提供有针对性的帮助和支持。这些问题直接影响残障生的学习效果和成长发展。

教师在残障生教育中的作用至关重要，但目前针对特殊教育教师的培训仍显不足。许多教师在职业生涯中很少有机会接受专门的特殊教育培训，导致他们在面对残障生时感到力不从心。即便是有经验的教师，也可能因为缺乏最新的教学方法和技术支持，而难以有效地提升教学质量。因此，建立完善的教师培训体系，提高教师的专业素养和教学能力，是改善残障生课程资源建设和应用水平的重要途径。

此外，还需要鼓励更多的年轻教师加入特殊教育领域。可以通过提供职业发展机会和激励机制，吸引优秀人才投身特殊教育事业，更好地支持残障生的学习和成长。

（三）教育技术的挑战

现代教育技术在特殊教育中的应用仍面临诸多挑战。虽然有许多先进的教育工具和平台，但其适用性和易用性尚待提高。特别是对于视障生，如何有效地将盲文转换、语音合成和触觉反馈等技术整合到英语课程中，仍需要更多的技术研发和实践探索。

现有的教育技术在视障生英语学习中的应用，往往局限于一些基础性的辅助工具，如盲文翻译软件、语音识别软件等。这些工具虽然在一定程度上解决了视障生的信息获取问题，但在实际教学过程中仍存在许多不足。例如，盲文翻译软件的准确性和流畅性较低，无法完全满足视障生的阅读需求；语音识别软件在嘈杂环境下的识别率较低，影响了其应用效果。

要解决这些问题，需要加强教育技术的研发和创新，开发出更加适合残障生使用的教学工具和平台。同时，需要提高这些技术的易用性和普及性，使其能够广泛应用于各类教育场景中。此外，还需要建立健全的技术支持体系，为教师和学生提供及时、专业的技术服务和支持，确保教育技术在残障生英语学习中的有效应用。

（四）创新能力不足

在针对残障生的课程资源的开发和实践中，创新能力不足的问题较为突出。许多课程资源依赖于传统的教学模式和内容，缺乏创新性和多样性，特别是在互动性、趣味性和实用性方面，无法满足残障生的特殊需求，无法激发他们的学习兴趣和潜力，导致他们的学习积极性不高。

例如，许多针对视障生的课程资源缺乏视觉替代材料，如触觉图表、音频导图等，无法有效帮助视障生理解和掌握知识，难以激发视障生的学习兴趣。

要解决这一问题，需要加强课程资源的创新设计，开发出更加多样化、有趣味的教学内容和教学方法。例如，可以结合现代教育技术，开发出适合残障生使用的互动式教学软件和平台，通过游戏化、情景化的教学方式，提升残障生的学习体验。同时，可以通过与残障生的互动，了解他们的需求和体验，不断改进和优化课程资源，提高其实用性和趣味性。

（五）资源整合与共享不足

目前，针对残障生的英语课程资源存在分散且不成体系的问题。在实际教学过程中，许多教育机构和教师都在独立开发和使用课程资源，这些资源缺乏统一的标准和规范。一些机构开发的课程资源在内容和形式上存在重复，这导致了资源的浪费。此外，由于缺乏有效的资源共享机制，许多优质资源难以在不同机构之间流通和应用，限制了其覆盖面和影响力。

要解决这一问题，需要建立健全的资源整合与共享机制，促进各教育机构和平台之间的合作与交流。例如，可以建立一个统一的课程资源共享平台，整合各类优质资源，通过标准化的方式进行分类和管理。同时，可以通过制定资源共享政策和激励机制，鼓励教育机构和教师积极参与资源共享，提高资源的利用率和覆盖面。此外，还可以通过定期举办教育资源交流和培训活动，促进不同机构之间的经验分享和合作，共同提升教育质量和效果。

（六）资金支持不足

特殊教育需要大量的资金和资源支持，但目前许多教育机构在这方面面临着资金不足的问题。这不仅影响了课程资源的开发和应用，也限制了教育质量的提升。例如，一些教育机构由于缺乏资金支持，无法购买和使用先进的教育技术设备，导致教学效果不佳。此外，缺乏统一的标准和规范、缺乏有效的监管和评估机制等，也使许多教育机构在资源建设和实践中面临着许多困难。

要解决这一问题，需要加强政策支持和资金投入，通过制定和实施专项政策，使特殊教育的资源建设和教学实践能够得到充分保障。例如，可以通过设立专项基金，支持残障生英语课程资源的开发和应用；可以通过制定资源建设标准和评估机制，确保课程资源的质量和效果；还可以通过加强监管和监督，确保资金和资源的合理使用，提高资源建设和教学实践的透明度和公正性。

（七）社会认知和支持不足

社会对残障生的教育需求、特殊需求的认知和支持仍然不足。一些人对残障生的学习能力和潜力持怀疑态度，缺乏对他们的尊重和理解。这种社会认知的不足，不仅影响了残障生的学习自信心和积极性，也限制了社会各界对特殊教育的支持和投入。

综上所述，残障生英语课程资源建设与教学实践中存在许多问题。要解决这些问题，就需要在教育研究、教师培训、教育技术、课程创新、资源整合、资金支持和社会认知等多个方面共同努力。通过全社会的共同关注和参与，为残障生提供更优质的教育资源和学习环境。

二、课程资源建设的建议

（一）建立健全的规划体系

英语课程资源建设是一项复杂的系统工程，不是一个简单的过程，需要有长远而具体的规划。必须建立一个健全的规划体系，明确资源建设的目标、内容和步骤，并制订详细的实施方案。规划体系应包括调研分析、资源整合、资源试用、反馈修订、推广应用等各个环节，以确保资源建设的系统性和科学性。

1. 调研分析

通过全面的调研和数据分析，了解当前教学资源的现状及存在的不足，明确目标群体的具体需求，为资源建设提供科学依据。

2. 资源整合

整合现有的优秀教学资源，包括教材、教辅材料、课件等，结合现代教育技术进行优化和创新，形成系统化的课程资源。

3. 资源试用

在资源建设过程中，通过资源试用进行测试，以收集学生和教师的反馈意见，及时调整和完善资源内容，确保其科学性和实用性。

4. 反馈修订

通过对试用阶段反馈的系统分析，进行课程资源的修订和改进，以提升课程资源的质量和适用性。

5. 推广应用

制订资源推广计划和使用指南，确保课程资源能够广泛应用于各个学校和教学场景。

（二）协同合作的机制

教育行政部门和各个学校团队应当充分发挥作用，形成协同合作的机制。教育行政部门应提供政策支持和资金保障，制定资源建设的标准和规范，确保建设资源的质量和实用性。学校团队应包括具有丰富教学经验的教师、资源建设专家、教育技术人员等，共同参与课程资源的设计和开发。

（三）现代教育技术的应用

资源建设要充分利用现代教育技术，开发数字化教材和在线学习资源，提升课程资源的现代化和互动性。通过应用多媒体、虚拟现实、增强现实等先进技术，打造更具互动性和沉浸感的学习体验，使学生能够在多样化的教学环境中高效学习。

（四）重视调研和反馈

为了确保课程资源的高质量，开发过程中应特别重视调研和反馈环节。通过对学生和教师的广泛调研，了解实际需求和意见，确保资源内容的针对性和实用性。

（五）建立推广和应用机制

要建立完善的推广和应用机制。教育行政部门应制订资源推广计划和使用指南，确保课程资源能够广泛应用于各个学校和教学场景；提供相应的培训和支持，帮助教师熟练掌握课程资源的使用方法。要建立课程资源的评估和改进机制，通过定期评估和反馈，不断优化和更新资源，确保其长期有效性和实用性。

通过以上措施，开发和建设适应高等特殊教育需求的英语课程资源，促进多校资源共享，实现优质教育资源的最大化利用，为特殊教育的发展提供有力支持。这不仅能提升特殊教育的整体水平，还能为更多的学生提供公平的教育机会和优质的教育资源，推动教育事业的全面发展。

第二节　课程资源建设的未来展望

一、智能化与个性化

（一）人工智能技术的应用

未来的高等特殊教育英语课程资源将更加智能化。人工智能技术的进步使教学资源能够根据学生的个体需求和学习特点进行自动化调整。智能化的英语学习平台可以提供个性化的学习路径，实时评估学生的学习进度和薄弱环节，并推荐相应的学习资源和练习。例如，听障生可以使用实时字幕和手语翻译功能，视障生可以利用语音导航和文本朗读功能。

（二）数据驱动的教学改进

随着大数据技术的应用，未来的课程资源建设将更加注重数据驱动的教学改进。通过对学生学习数据的分析，可以发现教学中的问题和不足，及时调整教学策略和资源使用，提升教学效果。利用学习分析技术追踪学生的学习进度和学习过程中遇到的问题，提供个性化的反馈和辅导，帮助学生克服学习障碍。此外，通过数据分析还可以优化课程设计和教学方法，提高整体教学质量。

（三）虚拟现实与增强现实技术的应用

虚拟现实和增强现实技术将在课程资源建设中发挥重要作用，通过这些技术，学生可以进行沉浸式的学习体验，亲身参与到虚拟的语言环境中进行互动。例如，通过虚拟现实技术，学生可以“置身”于英语国家的文化场景中，进行语言实践和文化交流；增强现实技术则可以将学习内容与现实环境结合，增强学生的理解和记忆。这些技术不仅能提高学习的趣味性和互动性，还能帮助学生更好地掌握语言和文化知识。

二、跨学科整合

未来的课程资源将更加注重跨学科整合。例如，将英语与历史、地理、科学等学科结合，形成综合性的学习资源。通过跨学科整合课程资源，使学生可以在学习英语时，通过英语教材中的历史故事了解世界历史，通过科学文章掌握科学知识。这不仅能丰富学生的知识面，还能培养他们的综合素质和解决问题的能力，提升他们的学习兴趣和效果。

三、资源共享

未来的课程资源将更加注重教育资源的开放与共享。通过开放共享的资源平台，学校、教育机构、教师、学生和家长可以自由分享和获取优质的英语课程资源。这种模式不仅能提高教育资源的利用效率，还能促进教育公平，让更多的特殊教育学生受益于优质的教育资源。例如，建立盲文和音频、视频资源共享平台，方便教师、学生、家长获取和使用这些资源。平台应包括搜索、下载、在线学习等功能，并提供技术支持和使用指南。

四、资源标准化

高等特殊教育英语课程资源应制定相应的标准和规范，确保资源的质量和一致性。例如，制定盲文和音频、视频资源的标准，如盲文教材的格式，音频视频教材的音质和画质等方面的标准。

五、文化多样性

未来的课程资源建设将更加注重文化多样性教育，在英语教学中融入丰富的文化内容，让学生在学习语言的同时，了解和尊重不同文化，培养他们的全球视野和跨文化交际能力。开发包含多元文化故事和案例的英语教材，组织跨文化交流活动，让学生在实践中提升语言能力和文化素养，这不仅有助于学生全面发展，还能增强他们的社会适应能力和国际竞争力。

六、结语

未来，高等特殊教育英语课程资源建设将朝着智能化、个性化、跨学科整合、开放共享、文化多样性等方向发展。通过各方共同努力，期待一个更加包容、多样化和高效的高等特殊教育英语教育未来，确保每一位特殊教育学生都能获得优质的教育资源和学习机会，实现他们的全面发展和自我提升。

参考文献

［1］ALLWRIGHT R L. What do we want teaching materials for?［J］. ELT Journal, 1981, 36（1）: 5–18.

［2］AUSTER G. Blended learning as a potentially winning combination of face-to-face and online learning: an exploratory study［J］. Teaching Sociology, 2016, 44(1): 39–48.

［3］BOSOMPEM E G. Materials adaptation in Ghana: Teachers' attitudes and practices［A］// In S. Garton & K. Graves（eds.）. International Perspectives on Materials in ELT［C］. London: Palgrave Macmillan, 2014: 104–120.

［4］BROWN D J. Approaching the grammatical count/mass distinction from a multimodal perspective［J］. TESOL Quarterly, 2015（3）: 602–607.

［5］BYERS T, MAHAT M, LIU K, KNOCK A, IMMS W. Systematic review of the effects of learning environments on student learning outcomes［R］. Melbourne: University of Melbourne, LEaRN, 2018. Retrieved from: http: //www.iletc.com.au/publications/reports.

［6］CRYSTAL D. English as a global language［M］. Cambridge: Cambridge University Press, 1997.

［7］CUNNINGSWORTH A. Choosing your coursebook［M］. Oxford: Macmillan Heinemann English Language Teaching, 1995.

［8］CUNNINGSWORTH A. Evaluating and Selecting EFL teaching materials［M］. London: Heinemann, 1984.

［9］DEVLIN M, G SAMARAWICKREMA. The criteria of effective teaching in a changing higher education context［J］. Higher Education Research & Development, 2010（29）: 111–124.

［10］DORMAN J. Classroom environment research: Progress and possibilities［J］. Queensland Journal of Educational Research, 2002（18）: 112–140.

[11] FORTUIN J, GEEL M, VEDDER P. Peers and academic achievement: a longitudinal study on selection and socialization effects of in-class friends [J] . Journal of Educational Research, 2016 (1): 1–6.

[12] GEORGE SIEMENS. Connectivism: a Learning theory for the digital age [J] . Instructional Technology and Distance Learning, 2005 (1): 3–10.

[13] GRAVES K. Recent books on language materials development and analysis [J] . ELT Journal, 2019, 73 (3): 337–354.

[14] GRAY J (ED.) . Critical perspectives on language teaching materials [C] . London: Palgrave Macmillan, 2012.

[15] Higher Education Funding Council for England. Learning gain [EB/OL] . Retrieved from https: / /www. officeforstudents.org. uk/advice–and–guidance/teaching/learning–gain/, 2015.

[16] HUANG S F. The relationship between teacher and peer support and English–language learner's anxiety [J] . English Language Teaching, 2010 (1): 32–40.

[17] HUTCHINSON T, TORRES E. The textbook as agent of change [J] . ELT Journal, 1994, 48 (4): 315–328.

[18] JORDAN G, GRAY H. We need to talk about coursebooks [J] . ELT Journal, 2019, 73 (4) .

[19] LITTLEJOHN A. The analysis of language teaching materials: inside the Trojan Horse [C] // Tomlinson, B. (eds.) . Material development in language teaching. Cambridge: Cambridge University Press, 2011: 179–211.

[20] MANCA S, CERINA V, TOBIA V, SACCHI S, FORNARA F. The effect of school design on users' responses: a systematic review (2008 – 2017) [J] . Sustainability, 2020, 12 (8): 34–53.

[21] MATSUMOTO Y. Material moments: teacher and student use of materials in multilingual writing classroom interactions [J] . The Modern Language Journal, 2019 (1): 179–204.

[22] OZERBAS M A, ERDOGAN B H. The effect of the digital classroom on academic success and online technologies self–efficacy [J] . Journal of Educational Technology & Society, 2016, 19 (4): 203–212.

[23] PRABHU N S. Materials as support; materials as constraint [J] . Guidelines, 1989, 11 (1): 66–74.

[24] ROWE E, KIM S, BAKER J, KAMPHAUS R, HORNE A. Student personal perception of classroom climate: exploratory and confirmatory factor analyses [J] . Education and Psychological Measurement, 2010 (70): 858–879.

[25] SHELDON L E. Evaluating ELT textbooks and materials [J] . ELT Journal, 1988, 42 (4): 237–246.

[26] SHERNOFF D, RUZEK E, SINHA S. The influence of the high school classroom environment on learning as mediated by student engagement [J] . School Psychology International, 2017 (38): 201– 218.

[27] SMITH L. English as an international auxiliary language [J] . PELC Journal, 1976 (7/2): 38– 43.

[28] SOKOLOVAA E, ROSTOVTSEVA V, WASILEWSKI M. The advantages of the network–based electronic teaching package by the implementation of English for specific purposes course [J] . Procedia–Social and Behavioral Sciences, 2015 (206): 193–198.

[29] TOMLINSON B, H MASUHARA. The Complete Guide to the Theory and Practice of Materials Development for Language Learning [M] . Hoboken: Wiley–Blackwell, 2017.

［30］TOMLINSON B. Materials development for language learning and teaching［J］. Language Teaching, 2012, 45（2）: 143–179.

［31］VAN DEN BRANDEN K. The role of teachers in task-based language education［J］. Annual Review of Applied Linguistics, 2016（36）: 164–181.

［32］安桂清．教材使用的研究视角与基本逻辑［J］．课程・教材・教法，2019, 39（6）：69–74.

［33］白靖宇．转型时期研究生英语教材编写出版的理念、原则与模式［J］．出版发行研究，2014（10）：62–64.

［34］鲍敏，李霄翔．信息化环境下数字化大学英语教材研究［J］．外语电化教学，2017（3）：80–84+96.

［35］彬彬，孔凡哲．试析教师开发利用课程资源的实践困惑［J］．中国教育学刊，2014（11）：68–72.

［36］蔡基刚，唐敏．新一代大学英语教材的编写原则［J］．中国大学教学，2008（4）：85–90.

［37］蔡基刚.CBI 理论框架下的分科英语教学［J］．外语教学，2011, 32（5）：35–38.

［38］蔡基刚.ESP 与我国大学英语教学发展方向［J］．外语界，2004（2）：22–28.

［39］蔡基刚．疫情之下，反思高校英语教学的科学素养缺失［J］．当代外语研究，2020（2）：39–47.

［40］蔡基刚．基于需求分析的大学 ESP 课程模式研究［J］．外语教学，2012, 33（3）：47–50.

［41］蔡基刚．试论影响我国大学英语教材健康发展的外部因素［J］．中国大学教学，2006（6）：59–61.

［42］曹进，王灏．基于计算机与网络技术的外语课程资源整合策略研究

［J］. 外语电化教学, 2007（3）：53–57.

［43］曾家延，崔允漷 . 学生使用教科书研究：教材研究的新取向［J］. 课程·教材·教法, 2019（11）：67–74.

［44］常红梅，叶秀娟 . 新时代大学英语教学创新与实践［J］. 北京教育（高教）, 2022（4）：50–52.

［45］陈坚林 . 大学英语教材的现状与改革——第五代教材研发构想［J］. 外语教学与研究, 2007（5）：374–378.

［46］陈坚林 . 大数据时代的慕课与外语教学研究——挑战与机遇［J］. 外语电化教学, 2015（1）：3–8+16.

［47］程晓堂，孙晓慧 . 英语教材分析与设计［M］. 北京：外语教学与研究出版社, 2011.

［48］崔戈 ."大思政"格局下外语"课程思政"建设的探索与实践［J］. 思想理论教育导刊, 2019（7）：138–140.

［49］戴炜栋 . 高校外语专业教育 40 年：回顾与展望［J］. 当代外语研究, 2018（4）：3–4.

［50］邓琴，贾巍，罗丽苹 . 外语类院校智慧教室需求模型探析［J］. 中国教育信息化, 2020（23）：28–33.

［51］董小玉，刘晓荷 . 新时代中华优秀传统文化进教材的理性审思［J］. 教师教育学报, 2022, 9（2）：77–84.

［52］费志萍 . 论如何培养聋生学习英语的积极性［J］. 山西青年, 2013（10）：78.

［53］冯超 . 论我国研究生英语教学的新模式［J］. 中国社会科学院研究生院学报, 2009（5）：138–144.

［54］冯辉，张雪梅 . 英语专业教材建设的回顾与分析［J］. 外语界, 2009（6）：63–69.

[55] 高全孝 . 高校大学英语教材应加强弘扬民族文化意识 [J]. 西藏民族学院学报（哲学社会科学版）, 2004（3）：101–103.

[56] 谷峰 . 大学英语教材开发与出版趋势探究 [J]. 中国出版, 2012（8）：55–56.

[57] 郭乃照, 任雪清 . 网络环境下“学生为主体、教师为主导”大学英语教学模式研究 [J]. 教育理论与实践, 2010, 30（25）：50–52.

[58] 郭燕, 徐锦芬 . 我国大学英语教材使用情况调查研究 [J]. 外语学刊, 2013（6）：102–108.

[59] 郭英剑 . 对“新文科、大外语”时代外语教育几个重大问题的思考 [J]. 中国外语, 2020, 17（1）：4–12.

[60] 国红延, 战春燕 . 一项关于大学英语教材对教师专业发展作用的调查研究 [J]. 外语界, 2011（4）：67–74.

[61] 贺春英 . 大学生快速阅读能力的培养——一项基于视听快速阅读教材的实证研究 [J]. 外语电化教学, 2012（5）：62–66.

[62] 何岚, 刘正光 . 二语习得研究与教材开发的基本原则 [J]. 外语学刊, 2013（6）：122–126.

[63] 何莲珍 . 从教材入手落实大学外语课程思政 [J]. 外语教育研究前沿, 2022, 5（2）：18–22+90.

[64] 何莲珍 . 新时代大学英语教学的新要求——《大学英语教学指南》修订依据与要点 [J]. 外语界, 2020（4）：13–18.

[65] 何善亮 . 论有效教学的实践建构 [J]. 课程 · 教材 · 教法, 2010, 30（5）：20–26.

[66] 何远强 . 聋中职校中餐烹饪专业英语校本教材开发研究——基于需求分析理论 [J]. 现代特殊教育, 2016（9）：31–33.

[67] 贺武华, 王凌敦 . 我国课程思政研究的回顾与展望 [J]. 学校党建

与思想教育，2021（4）：26–30.

［68］胡开宝，谢丽欣．我国大学英语教学的未来发展方向研究［J］．外语界，2014（3）：12–19+36.

［69］胡孟．浙江省聋人高职英语学习现状调查及分析［J］．湖北函授大学学报，2013，26（1）：151–162.

［70］胡婷．虚拟现实与外语教育：优势、挑战与路径［J］．吉林教育学院学报，2022，38（7）：102–105.

［71］胡潇译，张欣．跨文化视域下全人教育思想及其实践［J］．吉首大学学报（社会科学版），2021，42（4）：116–122.

［72］胡叶婷．基于元认知策略的口译教学研究［J］．江苏第二师范学院学报，2018（3）：15–18.

［73］华维芬．《现代大学英语：精读》和《综合教程》的学习任务对比分析［J］．天津外国语大学学报，2014，21（3）：64–69.

［74］黄建滨，于书林．20 世纪 90 年代以来我国大学英语教材研究：回顾与思考［J］．外语界，2009（6）：77–83.

［75］黄玫．商务英语口译特点及过程研究［J］．才智，2019（15）：151–152.

［76］吉科利．基于微课的大学英语教学模式分析——评《基于微课的大学英语教学改革研究》［J］．教育发展研究，2022，42（8）：2.

［77］姜霞，王雪梅．全球胜任力导向的“综合英语”OBE 教学模式建构［J］．中国外语，2023，20（6）：4–10+16.

［78］蒋联江，何琛，赵以．教师使用教材图片资源的叙事研究［J］．全球教育展望，2020，49（4）：68–84.

［79］蒋艳，马武林．论大学英语慕课建设应该避免的误区［J］．外国语文，2018，34（1）：155–160.

［80］教育部. 关于申报大学英语教学改革示范点项目的通知［EB/OL］.（2005-09-26）［2024-01-10］.http：//www.moe.gov.cn/srcsite/A08/s7056/200509/t20050926_124753.html.

［81］教育部. 教育部办公厅关于公布“新世纪网络课程建设工程”第一、二批项目验收结果的通知［EB/OL］.（2003-11-03）［2024-01-10］. http：//www.moe.gov.cn/srcsite/A07/moe_743/200311/t20031103_110188.html.

［82］教育部. 完善中华优秀传统文化教育指导纲要［EB/OL］.（2014-04-11）［2024-01-10］.https：//www.gov.cn/xinwen/2014-04/01/content_2651154.htm.

［83］教育部. 高等学校课程思政建设指导纲要［EB/OL］.（2020-06-01）［2021-03-20］.http：//www.moe.gov.cn/srcsite/A08/s7056/202006/t20200603_462437.html.

［84］教育部. 关于印发《教育部教材局2022年工作要点》的通知［EB/OL］.（2022-02-15）［2024-01-10］.http：//www.moe.gov.cn/s78/A26/tongzhi/202202/t20220216_599816.html.

［85］教育部. 普通高等学校教材管理办法［EB/OL］.（2019-12-19）［2021-03-25］.http：//www.moe.gov.cn/srcsite/A26/moe_714/202001/t20200107_414578.html.

［86］康志峰. 元情绪对高校学生口译的负效与增效［J］. 中国科技翻译，2016（3）：16-20.

［87］郎佳，郭增卫. 全人教育理论下的外语教育研究［J］. 内蒙古师范大学学报（教育科学版），2017，30（4）：107-109.

［88］李红霞. 课程思政视域下专业课重构设计［J］. 人民论坛，2020（33）：69-71.

［89］李会菊 .OBE 理念与翻转课堂结合下的大学英语教学模式改革研究

[J].长春工程学院学报(社会科学版),2016,17(4):132–135.

[90]李金云,王嘉毅.教科书使用的研究热点与发展趋势[J].课程·教材·教法,2015,35(12):29–36.

[91]李思龙.大学英语ESP教材编写实践与反思[J].山东外语教学,2017,38(1):55–62.

[92]李湘萍.回归"人"的教育:论本科教育的使命与核心任务[J].高教探索,2021(4):48–54.

[93]李学."教教材"还是"用教材教"——兼论教材使用功能的完善[J].教育发展研究,2008(10):82–85.

[94]李荫华,张传根."全新版大学进阶英语"的编写理念与特色[J].外语界,2018(2):87–92.

[95]梁茂成.微型文本及其在外语教学中的应用[J].外语电化教学,2009(3):8–12.

[96]林娟,战菊."活动"中的英语写作教材评估与使用——来自高校英语教师的声音[J].现代外语,2015,38(6):790–801+873.

[97]刘道义.论影响外语教材建设的重要因素[J].课程·教材·教法,2020,40(2):64–71.

[98]刘建达.课程思政背景下的大学外语课程改革[J].外语电化教学,2020(6):38–42.

[99]刘军,周俊华.OBE理念下新时代应用型高校大学英语教材创新开发[J].中国大学教学,2022(10):90–95.

[100]刘英.智慧教室环境下有效开展英语教学活动的案例研究[J].武汉职业技术学院学报,2019(2):40–43+48.

[101]刘正光,岳曼曼.转变理念、重构内容,落实外语课程思政[J].外国语,2020,43(5):21–29.

［102］卢爱华 . 华东高校英语教材使用现状、问题及规划建议［J］. 山东外语教学 , 2014, 35（6）：23–28.

［103］卢海燕 . 近 25 年国内大学英语教材研究评述［J］. 中国教育学刊 , 2013（51）：65–67.

［104］骆蓉 . 基于智慧教室的外语慕课混合教学模式研究［J］. 教育现代化 , 2019, 6（A1）：129–131.

［105］吕林海 , 张红霞 . 中国研究型大学本科生学习参与的特征分析——基于 12 所中外研究型大学调查资料的比较［J］. 教育研究 , 2015, 36（9）：51–63.

［106］马丽亚 . 大学专门用途英语教学（ESP）现状调查及对策研究［J］. 新西部 , 2011（3）：204–205.

［107］马宇 . 高等特殊教育学校开设聋人英语课程刍议［J］. 职业 , 2005（S1）：61–62.

［108］潘正方 . 中职聋生英语教学生活化的尝试［J］. 科教文汇 , 2014（6）：143–144.

［109］裴霜霜 . 从教育哲学角度看改革时期大学英语课程目标和教学内容的设置［J］. 外语教学理论与实践 , 2015（4）：59–63+94.

［110］邱德乐 . 论教材的“三次开发”［J］. 全球教育展望 , 2009, 38（12）：24–27.

［111］饶国慧 . 基于混合式学习的教材出版融合创新之路［J］. 出版广角 , 2020（5）：53–55.

［112］任庆梅 . 大学英语有效课堂环境构建及评价的影响机制［J］. 外语教学与研究 , 2018, 50（5）：703–714+800.

［113］邵华 . 以建构主义理论为基础的多媒体英语教学［J］. 课程 · 教材 · 教法 , 2003（10）：71–74.

［114］盛永进．特殊教育课程范式的演进及其转向［J］．中国特殊教育，2011（12）：21–25+81.

［115］石坚，王欣．立德树人润物细无声：课程思政的内涵建设［J］．外语电化教学，2020（6）：43–45.

［116］苏芃，李曼丽．基于 OBE 理念，构建通识教育课程教学与评估体系——以清华大学为例［J］．高等工程教育研究，2018（2）：129–135.

［117］孙国栋，向慧．口译中的笔记教学困境及策略［J］．海外英语，2019（21）：152–153.

［118］孙有中．课程思政视角下的高校外语教材设计［J］．外语电化教学，2020（6）：46–51.

［119］孙有中．振兴发展外国语言文学类本科专业：成就、挑战与对策［J］．外语界，2019（1）：2–7.

［120］孙志芳，胡海燕，周伯春．多媒体技术与聋哑学生英语学习的有效结合［J］．中国教育技术装备，2012（9）：126–127+130.

［121］谭文芳．我国教材思政建设的政策解读与实践进路［J］．科技与出版，2021（12）：68–72.

［122］陶丽，王腊宝．新一代大学英语教材的需求分析与反思［J］．外语学刊，2013（6）：109–113.

［123］汪潇潇，刘威童．基于 OBE 理念的 MOOC 课程设计与案例分析［J］．远程教育杂志，2017, 35（6）：104–110.

［124］王安琪，隗雪燕，张庆华．智慧教室环境下的大学英语课堂教学活动——基于 7 名大学英语教师的个案研究［J］．现代教育技术，2021, 31（10）：68–76.

［125］王安琪．大学英语教学中师生使用智慧教室的体验研究［J］．中国地质教育，2021, 30（3）：95–99.

［126］王军．新时代大学教材出版与高校人才培养［J］．出版广角，2019（20）：21–24.

［127］王琳博．文科研究生学术素养的内涵、要素及培养［J］．长春大学学报，2013，23（6）：741–743.

［128］王玲．大学英语教材出版现状与瞻望［J］．江苏外语教学研究，2018（4）：10–12.

［129］王守仁．《大学英语教学指南》要点解读［J］．外语界，2016（3）：2–10.

［130］王守仁．关于高校大学英语教学的几点思考［J］．外语教学理论与实践，2011（1）：1–5.

［131］王守仁．全面、准确贯彻《大学英语课程教学要求》深化大学英语教学改革［J］．中国外语，2010，7（2）：4–7+20.

［132］王淑敏．基于网络教学平台英语课程资源建设与应用［J］．中国教育信息化，2010（15）：50–52.

［133］王文宇，王海啸，陈桦．构建具有校本特色的个性化大学英语课程体系［J］．中国外语，2018，15（4）：18–26.

［134］王欣．MOOC 视域中的大学外语教学模式的路径选择［J］．黑龙江高教研究，2014（8）：157–159.

［135］王正胜．欧美国家聋人外语教学实践与研究述评［J］．外语学刊，2016（2）：115–123.

［136］王正胜．中国聋人学生英语教学研究述评［J］．中国特殊教育，2014（3）：17–22.

［137］文秋芳．“产出导向法”教学材料使用与评价理论框架［J］．中国外语教育，2017（2）：17–23+95–96.

［138］文旭，莫启扬．大学英语教材：问题与思考［J］．外语学刊，2013

（6）：97-101.

［139］翁雨淋 . 英语专业学生口译自主学习模式探索［J］. 产业与科技论坛，2016, 15（6）：154-155.

［140］吴双 ."大思政"格局下铁路文化融入大学英语课程教学的探索与实践——以华东交通大学为例［J］. 高教学刊，2022, 8（15）：119-122.

［141］吴颖聪 . 试论大学英语口译教学策略与口译能力的培养［J］. 文化创新比较研究，2020, 4（14）：119-120.

［142］向明友 . 试论大学英语课程体系建设［J］. 中国外语，2016, 13（1）：4-9.

［143］向明友 . 新学科背景下大学外语教育改革刍议［J］. 中国外语，2020, 17（1）：19-24.

［144］肖镲，赵伦 . 浅谈计算机软件重构技术［J］. 数字技术与应用，2012（6）：202-203.

［145］徐锦芬，范玉梅 . 大学英语教师使用教材任务的策略与动机［J］. 现代外语，2017, 40（1）：91-101+147.

［146］徐锦芬 . 高校英语课程教学素材的思政内容建设研究［J］. 外语界，2021（2）：18-24.

［147］徐启龙 . 英语词汇教学的新工具：网络语料库的运用［J］. 全球教育展望，2009, 38（8）：90-93.

［148］许世华，曹军，谭会恒 . 关于校本教材建设的几点思考［J］. 高教论坛，2012（3）：49-51.

［149］杨芳 . 浅谈聋生英语学习兴趣的培养［J］. 商业文化（学术版），2010（6）：213.

［150］杨港，陈坚林 .2000 年以来高校英语教材研究的现状与思考［J］. 外语与外语教学，2013（2）：16-19.

［151］杨港．“立体化教材 + 互联网资源”驱动的大学英语教学设计研究［J］．外语电化教学，2019（1）：23–29.

［152］杨军辉．聋人学英语经验谈［J］．中国残疾人，1997（9）：36.

［153］杨敏，侍怡君．基于文化与功能视角的英语教材评价框架构建［J］．当代外语研究，2020（3）：57–67.

［154］杨现民，余胜泉．生态学视角下的泛在学习环境设计［J］．教育研究，2013，34（3）：98–105.

［155］杨小玉．提高聋高中英语词汇教学有效性的探究［J］．中国特殊教育，2010（2）：16–18.

［156］杨孝堂，刘其淑．网络环境下课程学习资源建设［J］．江苏广播电视大学学报，2010，21（2）：5–9+29.

［157］杨秀岚．英语隐性课程资源的开发和利用［J］．教学与管理，2013（10）：87–89.

［158］叶依群．有关大学英语教材的几个问题［J］．浙江科技学院学报，2004（3）：208–211.

［159］于夕真．英语教学模式的整合性研究［J］．外语学刊，2007（2）：139–141.

［160］余胜泉，杨现民，程罡．泛在学习环境中的学习资源设计与共享——“学习元”的理念与结构［J］．开放教育研究，2009，15（1）：47–53.

［161］余渭深，韩萍．《大学体验英语》对大学英语教师职业发展作用的问卷研究［J］．中国外语，2009（6）：69–76+87.

［162］俞红珍．教材选用取向与不同的教材观［J］．教育理论与实践，2005（16）：42–44.

［163］张蓓，马兰．关于大学英语教材的文化内容的调查研究［J］．外语界，2004（4）：60–66.

［164］张殿恩，王蕴喆．慕课视域下外语微课设计与实践研究［J］．黑龙江高教研究，2018, 36（11）：149–152.

［165］张殿恩，张秦玥．新时代背景下大学英语课程设计与实践探究——以北京联合大学为例［J］．唐山师范学院学报，2022, 44（5）：127–130.

［166］张虹，李会钦，何晓燕．我国高校本科英语教材存在的问题调查［J］．外语与外语教学，2021（1）：65–75+147.

［167］张鹏．中外大学英语教材文化呈现比较研究［J］．外语学刊，2023（4）：67–74.

［168］张青妹．微媒体语境下外语数字化教材编写策略研究［J］．中国大学教学，2015（3）：82–84.

［169］张松柏．中国聋人英语学习影响因素调查及对教学的启示［J］．中国特殊教育，2019（3）：33–37.

［170］张廷凯．基于课程资源的有效教学研究［J］．课程·教材·教法，2012, 32（5）：3–7.

［171］张伟平，陈梦婷，赵晓娜，白雪．教育信息化 2.0 时代课堂教学新生态的构建［J］．苏州大学学报（教育科学版），2020, 8（1）：9–17.

［172］张为民，朱红梅．大学英语教学中的中国文化［J］．清华大学教育研究，2002（S1）：34–40.

［173］张文红，王莹．思辨能力培养与 EAP 教学的融合——《学术思辨英语》教材的设计理念与使用效果浅析［J］．外语研究，2021, 38（2）：64–69+75.

［174］张欣．新文科、大外语与英语专业“全人教育”培养路径［J］．外国语文，2020, 36（5）：14–18.

［175］张学婷．全人教育视角下的大学英语教学研究［J］．中国民航飞行学院学报，2016, 27（3）：73–75+80.

［176］张雪梅．新时代高校英语教材建设的思考［J］．外语界，2019（6）：88–93.

［177］赵冬华．聋人大学生英语学习调查及建议［J］．吉林广播电视大学学报，2018（9）：39–40

［178］赵林静，柳华妮．基于整体教育观的大学英语课程定位与教材建设研究［J］．外语电化教学，2012（5）：67–71.

［179］赵霞．商务英语口译教学模式改革初探［J］．英语广场，2018（5）：71–73.

［180］赵勇，郑树棠．几个国外英语教材评估体系的理论分析——兼谈对中国大学英语教材评估的启示［J］．外语教学，2006（3）：39–45.

［181］郑开春．对现行大学英语教学目标的反思［J］．中南大学学报（社会科学版），2010, 16（5）：97–100.

［182］郑晓红．跨文化交际视角下的教材评价研究——与 Michael Byram 教授的学术对话及其启示［J］．外语界，2018（2）：80–86.

［183］郑新民，苏秋军．后 MOOC 时代大学英语教师混合教学策略与信念探究［J］．外语电化教学，2020（2）：15–21.

［184］中华人民共和国教育部．普通高等学校教材管理办法［Z/OL］．（2019）［2021–06–10］.www.moe.gov.cn/srcsite/A26/moe_714/202001/t20200107_414578.html.

［185］周燕，张洁．学以致用：再谈大学英语教学目标的定位与实现［J］．外语与外语教学，2014（1）：22–26+35.

［186］周永胜，陈刚，宋祝，尹华玲．智慧语言实验室的概念、架构与建设研究［J］．现代教育技术，2022, 32（8）：119–126.

［187］朱彦．提高外语课堂教学有效性的关键因素［J］．外语界，2013（2）：50–58+68.

［188］朱燕华，陈莉萍．大学英语智慧课堂教学评价指标体系构建［J］．外语电化教学，2020（4）：94-100+111．

［189］庄智象．构建具有中国特色的外语教材编写和评价体系［J］．外语界，2006（6）：49-56.